Eleonore Höfner

Die Kunst
der Ehezerrüttung

Rowohlt

1.–8. Tausend September 1993
9.–11. Tausend Dezember 1993
Copyright © 1993 by Rowohlt Verlag GmbH,
Reinbek bei Hamburg
Alle Rechte vorbehalten
Umschlaggestaltung Walter Hellmann
unter Verwendung einer Illustration
von Hans Traxler
Satz Horley Old Style (Linotronic 500)
Gesamtherstellung Clausen & Bosse, Leck
Printed in Germany
ISBN 3 498 02922 3

«Wenn eine Frau heiratet, hofft sie,
daß ihr Mann sich verändert –
und er tut es nicht.
Wenn ein Mann heiratet, hofft er,
daß seine Frau bleibt, wie sie ist –
und sie tut es nicht.»

Volksweisheit

Für Frank, dem ich unzählige
Anregungen verdanke

Inhalt

Einleitung

Frauen wurden jahrtausendelang unterdrückt, für minderwertig und dumm erklärt. Inzwischen sind sie gleichberechtigt. Dadurch geriet einiges aus den Fugen der bisher angeblich gottgewollten Ordnung. Diese schrieb vor, daß der Mann der Herr im Hause sei und die Frau sich seinem überlegenen Verstand und seiner gewaltigen Kühnheit unterzuordnen habe.

Nun kracht es in jeder Beziehung. Die Machtkämpfe zwischen den Geschlechtern sind offen ausgebrochen, und ein zähes Ringen um die Vorherrschaft hat eingesetzt. Frauen haben eine Ewigkeit lang geduldet und alle Marotten ihrer teuren Gatten zähneknirschend, aber schweigend (was diese durchaus zu schätzen wußten) hingenommen. Nun beginnen die Frauen, ihren lang aufgestauten Groll und ihre unterdrückten Wünsche zu artikulieren – und Wünsche an *ihn* gibt es zuhauf.

Wie die ideale Frau heutzutage auszusehen hat, wissen wir: stark, durchsetzungsfähig, klug und unbegrenzt belastbar. Die drei K – Küche, Kinder, Kirche – haben ausgedient. Aber wie sollte der ideale Mann aussehen? Wilde Glaubenskämpfe – nicht nur unter Frauen, sondern auch unter besonders fortschrittlichen Männern – haben hinsichtlich dieser Frage eingesetzt. Kein Wunder, daß die Männer sehr verunsichert darüber sind, wie die Frauen sie nun eigentlich haben wollen. Männliche Machos? Oder poetische Softies? Oder mal so und mal so? Auf jeden Fall immer anders, als «Mann» dachte!

Während die Glaubenskämpfe toben, hat sich erstaunlicherweise nicht nur die Zahl der Ehescheidungen drastisch erhöht, sondern auch die Zahl der Eheschließungen! Das beweist allerdings nichts außer dem Sieg der Hoffnung über die Vernunft. Und Frauen hoffen doppelt heftig.

In der Bundesrepublik wird heute jede dritte Ehe geschieden, in Großstädten sogar jede zweite, die Tendenz ist steigend. Und die Statistik erfaßt nicht die wilden, sondern nur die registrierten, ordentlichen Ehen. Deshalb müssen wir mit einer gewaltigen Dunkelziffer bei den wilden Trennungen rechnen! Dabei sind Scheidungen und Trennungen nur für wenige Ausnahmenaturen ein reines Vergnügen. Im allgemeinen wollen die Beteiligten das Beste und landen immer wieder vor einem Scherbenhaufen, weil sich Ist- und Soll-Zustand nicht in Einklang bringen lassen. Vor allem Frauen kämpfen erbittert um das Paradies, notfalls mit einem Partner nach dem anderen, dem

Grundsatz folgend: Je mehr Partner, um so wahrscheinlicher wird es, daß irgendwann der *genau Richtige* dabei ist.

Die Statistiken beweisen nämlich auch, daß die endgültige Trennung meist von der Frau ausgeht, die es aufgibt, den Frosch, der ihr über den Weg gehüpft ist, immer wieder an die Wand zu werfen, um einen Prinzen aus ihm zu machen. Merkwürdigerweise sieht sie sich meist *sofort* nach einem neuen Prinzen um und landet wieder bei einem Frosch. Oft resigniert sie erst nach soundso viel Fröschen, kratzt die Tapete sauber und beschließt, entweder allein zu bleiben, lesbisch zu werden oder sich mit dem männlichen Ausschuß zu begnügen, der auf dem Markt zu haben ist.

Frauen sind sicher nicht die besseren Zerrütter, bloß weil sie Frösche an die Wand und die Flinte schneller ins Korn werfen. Aber sie sind der aktivere Teil im Zerrüttungsprozeß, denn sie sind anspruchsvoller und haben nicht aufgehört zu träumen. Männer finden sich eher mit einer freudlosen Beziehung ab. Nach ihrer Traumfrau suchen sie sowieso gern *außerhalb* der Ehe weiter. Und Frauen sind weniger duldsam, seit sie sich emanzipiert haben. Zwar verfügen auch altmodische Frauen, die von Emanzipation nichts wissen wollen, über ein reichhaltiges Repertoire an Zerrüttungstechniken, aber für eine emanzipierte Frau ist Rücksichtnahme auf das zarte Pflänzchen des männlichen, evolutorisch stark zurückgebliebenen Egos selbstverständlich ein Rückschritt, der inakzeptabel ist.

Vor allem wegen der ausgeprägten Anspruchshaltung der Frauen kommt den männlichen Zerrüttungstechniken in einer Partnerschaft nicht dieselbe herausragende Rolle zu wie den weiblichen. Es gibt aber noch weitere Gründe, warum die Männer in diesem Konzert die zweite Geige spielen:

Erstens ist die männliche Zerrüttungsabsicht meistens weniger offensichtlich, weil Männer strittige Punkte bei Auseinandersetzungen nicht in dem schrillen Diskant vortragen, der die Frauen auf Grund ihrer kürzeren Stimmbänder von vornherein ins Unrecht setzt.

Zweitens geht das männliche Interesse in eine andere Richtung als das weibliche. Frauen sind vielseitiger. Erst wollen sie die Männer und über diesen Umweg ihre Partnerschaft verbessern, Männer dagegen haben im allgemeinen *ein* anderes, viel wichtigeres Anliegen, nämlich ihre eigene wertvolle Persönlichkeit. Am interessantesten ist für sie daher die Frage: «Liebling, wie findest du mich?» Da greifen weiblicher Verbesserungs- und männlicher Wissensdrang ganz vorzüglich ineinander.

Drittens entfalten Männer ihre Dynamik bevorzugt im außerhäuslichen Bereich, das heißt *im richtigen Leben*, wo sie im rauhen Wind des Wettbewerbs mit überwiegend männlichen Konkurrenten ihren Mann stehen müssen. Im Hause genießen sie am liebsten

12

ihre Ruhe mit möglichst wenig (weiblicher) Hektik und beschränken ihre Aktivitäten auf sparsame Bewegungen, wie das Heben des rechten Armes, um beim abendlichen Fernsehen das Bierglas in die richtige Höhe zu bringen. Ihre Partnerin, die versucht, Harmonie und gute Laune im trauten Heim zu erzeugen, erfreuen sie dann mit aufbauenden Fragen, wie: «Was tust du eigentlich den ganzen Tag?»

Obwohl Männer bei der Zerrüttung vordergründig nicht so ins Rampenlicht treten, haben sie natürlich trotzdem vorzügliche Taktiken auf Lager. Der Mann wird zum Beispiel versuchen, seiner Partnerin stets aufs neue zu beweisen, wie intelligent, stark, unerschrocken und hart er ist, und ihr deutlich zeigen, daß er immer Herr der Lage bleibt. Da er es «nur» mit einer Frau zu tun hat, *muß* er ihr klare Anweisungen – am besten in mehrfacher Wiederholung – geben, die sie nur noch zu befolgen hat. Während er ihr alles so einfach und sorgfältig erläutert wie einem frisch eingeschulten kleinen Mädchen, flicht er immer wieder ein: «Nun denk doch bitte mal nach!», als sei ihr das Hirn völlig abhanden gekommen. Natürlich ist er tödlich beleidigt, wenn sie sich anders entscheidet, als er es mit seinem Weitblick geplant hatte.

Der Trend zur Ehezerrüttung ist also bei Männern und Frauen offensichtlich. Ehen oder Partnerschaften wurden allerdings bisher meist unsystematisch und mehr oder weniger unbewußt zerrüttet. Daher besteht ein Bedarf an gezielter Unterweisung, um das Tempo beim Partnerrecycling zu erhöhen. Und da es am sinnvollsten ist, an der größten Angriffsfläche anzusetzen, wendet sich das vorliegende Buch ausdrücklich an die Frauen, die damit ihrem Ziel, irgendwann den Idealpartner zu erwischen, schneller näher kommen.

Aber auch Männer können von den aufgeführten Tips profitieren. Mancher Mann verhält sich nämlich, zerrüttungstechnisch gesehen, durchaus feminin – und wenn beide mitarbeiten, beschleunigt dies das gemeinsame Vorhaben! Außerdem versteht *er* nach der Lektüre besser, warum *sie* sich so umfassend verändert hat, seit sie ihn in ihren festen Händen weiß.

Der immer schnellere Partnerwechsel hat noch weitere Vorteile. Er fördert zum Beispiel den Immobilienmarkt und zaubert ein befriedigtes Lächeln auf die Gesichter von Scheidungsanwälten und Eheberatern, die diese Unterweisung gratis an ihre Klienten verteilen sollten.

Anfängern wird empfohlen, mit dem ersten Kapitel zu beginnen und sich langsam zu steigern, bis die aufgeführten Zerrüttungspraktiken möglichst perfekt und in breiter Auswahl eingesetzt werden können. Fortgeschrittene werden einige der Techniken kennen, aber bestimmt ist auch für sie einiges dabei, auf das sie bisher noch nicht gekommen sind.

Es gibt keinen Richtigen unter den Falschen

Wühlen Sie in Ihrer Erinnerung, und rufen Sie sich alle Ehen ins Gedächtnis, denen Sie in Ihrem Leben begegnet sind, angefangen bei der Ihrer Eltern.

Kennen Sie viele glückliche Ehen? Bei genauer Betrachtung werden Sie feststellen, daß Ehen meistens nicht funktionieren. Männer und Frauen passen offensichtlich nicht zusammen. Das darf Sie aber nicht abhalten, es trotzdem miteinander zu versuchen, es besser machen zu wollen und fest daran zu glauben, daß Sie es schaffen werden.

Schrauben Sie Ihre Ansprüche möglichst weit hoch. Der Beste ist gerade gut genug für Sie, denn dann kann nichts mehr schiefgehen. Beste Männer sind allerdings meistens besetzt. Allein dadurch, daß sie nicht mehr auf dem freien Markt zu haben sind, wirken Männer viel makelloser. Das gilt natürlich auch für die besten Frauen.

Achten Sie also sorgfältig darauf, daß Sie sich nur in die unerreichbaren Traummänner verlieben. Das trägt den Kern der Zerrüttung bereits in sich. Verheiratete eignen sich ebenso wie die Typen mit der Bindungsscheu, auch eine Schwärmerei von ferne, die durch keinerlei Realitätseinsichten getrübt wird, erfüllt ihren Zweck. Auf diese Weise können Sie Ihren Traum von der idealen Partnerschaft mit «Superman» träumen, bis Sie alt und grau geworden sind. Und währenddessen kommen Sie nicht in Gefahr, sich in einen greifbaren und vielleicht sogar passenden Mann zu verlieben, da Ihr Herz hoffnungslos besetzt ist. Ihr Leben bekommt eine tragische Komponente, die Gefühle verdichten sich zu einer gewissen Größe, kein Alltag findet statt und kein Mittelmaß. Das ist es, was Sie erhebt und beflügelt. Nur weiter so.

Genauso zweckmäßig ist es, wenn Sie sich heftig in das Gefühl der Verliebtheit verlieben. Sie werden es bald nicht mehr missen mögen. Damit vermeiden Sie den schmerzhaften Abstieg aus den rosaroten Wolken des ersten blinden Überschwangs in eine wirklichkeitsnähere Dauerzuneigung oder sogar Liebe. Verliebtsein in die Verliebtheit ist eine gute Basis für die Zerrüttung, denn sobald Sie einen Partner näher kennengelernt haben, brauchen Sie zur Wiederbelebung des blinden Überschwangs ein neues Opfer.

Wir wollen uns hier mit der Auswahl eines passenden Partners nicht allzu lange aufhalten. Den richtigen Mann gibt es nicht, leider. Es gibt nur den falschen in verschiedenen Abstufungen. Die Möglichkeiten, einen zerrüttungsgeeigneten Partner zu wählen, sind daher fast unbegrenzt. Eins steht jedoch fest: Je falscher er ist, um so besser greifen die in diesem Buch beschriebenen Techniken.

Er soll Ihr
Schmuckstück sein

Männer haben eine ganze Reihe von Eigenschaften, die Frauen nicht besonders schätzen. Wahrscheinlich sind die in ihren Genen verankert, denn sie sind weit verbreitet und schwer zu ändern. Diese Eigenschaften kommen erst zum Vorschein, wenn man sich näher mit einem einläßt. Von weitem, vor allem als Partner von *anderen* Frauen, erscheinen die meisten Männer sehr attraktiv und geheimnisvoll. Erst wenn Sie einen Mann fest an sich gebunden haben und er sich richtig gemütlich und endlich daheim fühlt, werden Sie überraschende Entdeckungen machen.

Männer lieben es urig, natürlich, rauh und unraffiniert. Sie glauben, daß Männer nach Mann riechen sollten und sonst nach gar nichts. Männer setzen sich gern ungewaschen an den Eßtisch, ignorieren liebevolle Dekorationen wie Blumen oder Kerzen und essen die Wurst auch aus dem Papier. Sie furzen im Bett, rülpsen beim Essen, bohren in der Öffentlichkeit in der Nase und bepinkeln Klobrillen. Außerdem lassen sie ihre Schmutzwäsche da liegen, wo sie ihnen beim Ausziehen aus der Hand gefallen ist.

Männer haben auch wenig Sinn für modischen Schnickschnack. Sie lieben zäh ihre altvertrauten Kleidungsstücke, Hosen mit ausgebeulten Knien und Pullis mit verfilzten Knötchen auf der Oberfläche, die sich hervorragend für einen Campingurlaub als Nachtzeug eignen würden. Ihre Farbzusammenstellung bei der Auswahl von Hemd und Jackett beweist schlüssig, daß sie blind in den Kleiderschrank greifen.

Frauen dagegen sind anders. Sie sind in ihrem Zivilisationsprozeß viel weiter. Legen Sie sich also ins Zeug, geplagte Partnerin eines Mannes! Es ist nicht nur Ihr Recht, sondern Ihre Pflicht, aus einem Höhlenmenschen ein halbwegs gesittetes Wesen zu machen und ihn wenigstens oberflächlich zu verbessern.

Lassen Sie sich nicht dadurch entmutigen, daß Sie einen Mann gar nicht so schnell verändern können, wie er in seinen Urzustand zurückfällt. Wer weiß, wo er ohne Ihren tatkräftigen Einsatz landen würde, vermutlich unter den Brücken mit einer Flasche Schnaps in der Hand und allen Habseligkeiten in einer Plastiktüte.

Die Australier sagen: Frauen sind Gottes Polizei. Polizisten haben es so an sich, daß sie für ein notwendiges Übel gehalten werden, aber bei niemandem sonderlich geschätzt sind. Krempeln Sie also die Ärmel hoch und beginnen Sie mit der Zerrüttung.

Für den Anfang ist Dauernörgeln die Methode der Wahl. Vermeiden Sie keine Gelegenheit, an seinem Äußeren und seinem Verhalten herumzukritisieren. Drehen Sie dabei die Augen zur Decke und seufzen Sie vernehmlich: «Männer!» Oder, wenn Sie es ausführlicher schätzen: «Du liebe Zeit, sind Männer primitiv!» oder etwas ähnlich Aufbauendes. Das ändert ihn zwar nicht, gibt Ihnen aber ein wunderbar warmes Gefühl der Überlegenheit.

Je lauter Sie beim Nörgeln werden, desto besser. Sorgen Sie für mindestens eine laute Nörgel-Szene pro Tag, denn das männliche Gehörorgan ist abartig eingeschränkt. Hohe, schrille Töne überschreiten leicht seine Schmerzgrenze. Das grelle Dauernörgeln reicht deshalb aus, um Männer mit sensiblem Gehör in die Flucht zu schlagen.

Nur wenn Sie an die Sorte der geübten Weghörer geraten, kommen Sie so nicht weiter. Solche Männer sind erstaunlich zäh im Ertragen von Gequengel, vor allem, wenn es sich um Äußerlichkeiten wie Nasebohren, die falsche Krawatte und bepinkelte Klobrillen handelt, denn sie sind von klein auf daran gewöhnt, daß alle möglichen Frauen an ihnen herumreden und herummachen. Das beginnt mit ihrer Mutter und deren Freundinnen, der Babysitterin, der Kindergärtnerin, der Grundschullehrerin, ganz zu schweigen von Omas und Tanten. Bereits im Alter von dreizehn Jahren ist an den meisten Knaben schon so viel abgestaubt, herumgezupft, geradegerückt und frisiert worden, daß sie quengelresistent geworden sind. Männer mit einer solchen Vorgeschichte halten nur noch ergeben still, wenn ihre Partnerin ihnen wortreich die Krawatte ausrichtet, die Fusseln vom Anzug sammelt und die Speisereste aus dem Bart entfernt.

Solche Männer können mit einer nörgeligen Frau leben. Das bringt Sie also nicht weiter. Gegen diese hartnäckigen Dulder müssen Sie schwerere Geschütze auffahren, wenn Sie Bewegung in die Ehe bringen wollen.

Das Fundament
der Ehezerrüttung

Was war er für ein toller Hecht in den ersten Zeiten der glühenden Verliebtheit – jedenfalls in Ihren Augen! Sie dachten, Sie hätten wirklich den Traumprinzen gefunden, und haben damals völlig vergessen, was Ihnen Ihre Mutter gesagt hat: «Männer sind wie Rohkohle. Erst mit sehr viel Einsatz können sie zu Rohdiamanten und ganz selten zu perfekten Edelsteinen gemacht werden.» Um mit der Enttäuschung über den real existierenden Partner fertig zu werden, legen Sie in diese mütterliche Weisheit nun wieder Ihre nie endende Hoffnung, und das ist eine verläßliche Ausgangsbasis für die Zerrüttung jeglicher Partnerschaft!

Wenn Sie die in diesem Kapitel beschriebenen Anregungen vollständig umsetzen, entfaltet sich alles Weitere fast von selbst. Zerrüttung ist wie ein Kunstwerk. Sie hat ein schnörkelloses Zentrum und wunderschöne Ornamente, die das Œuvre vollenden. Hier ist das Zentrum:

Sobald Sie feststellen, daß Männer nicht nur äußere, sondern sehr viel gravierendere innere «Besonderheiten» haben, setzen Sie an. Da Sie dauerhaft und endgültig zerrütten wollen, ist es mit dem Bekritteln von Äußerlichkeiten nicht getan. Konzentrieren Sie sich also und zeigen Sie ihm, daß er eine Montagsproduktion ist. Machen Sie sich an die grundsätzliche Kritik seines Charakters.

Um Charakterkritik zu üben, können Sie zunächst jede Ihrer bisher eher oberflächlichen Nörgeleien mit einem abfälligen Kommentar über seine primitive, rücksichtslose und säuische Natur verbinden. Dabei empfiehlt sich die Verwendung möglichst umfassender und verallgemeinernder Grundsatzbegriffe, die sich besonders gut zur Diffamierung eignen. Zum Beispiel:

Er hat einen Fleck auf der Krawatte: «Hast du *gar kein* Gefühl für Ästhetik, mußt du *immer* so bekleckert rumlaufen?»

Er legt seinen Mantel auf den Sessel im Wohnzimmer: «*Noch nie* hast du deinen Mantel aufgehängt! *Alles* muß ich in diesem Hause selber machen!»

Er bemerkt nicht sofort, schon in der Haustür, daß Sie Kopfschmerzen haben: «Es ist *typisch* für dich, daß du *nie* merkst, wie schlecht es mir geht!»

Er sieht nicht, daß Sie eine neue Bluse tragen: «Du bist ein rücksichtsloser Egoist, der *nur* an sich selbst denkt!»

Er kommt unentschuldigt zu spät zum Abendessen.

Warten Sie seine Erklärungen nicht ab, sondern überfallen Sie ihn: «*Nie* hast du Achtung vor mir, wo ich mir *immer* solche Mühe gebe!»

Er ist nicht zum Blitzstart bereit, um den Abfalleimer sofort hinauszuschaffen, wenn Sie gerade festgestellt haben, daß er voll ist: «Ich weiß auch nicht, warum ich mein Leben mit so einem Macho und Chauvi vergeuden muß, der *immer* nur an sein Vergnügen denkt, der sowieso nur *das eine* im Kopf hat und seinen *einzigen* Lebenszweck darin sieht, es sich bequem zu machen und mich auszunutzen!»

Zur Abwechslung können Sie auch mal ein Lob einstreuen, verbunden mit grenzenlosem Erstaunen darüber, daß *er* so etwas zustande gebracht hat: «Das hätte ich dir ja *nie* zugetraut!»

Sie beschleunigen Ihre konzentrierten Bemühungen um seine Vervollkommnung, wenn Sie unverzüglich Ihren Blickwinkel ändern. Richten Sie Ihr Augenmerk nur noch auf seine Schwächen, Sie tun sich dann viel leichter!

Sobald Sie über den Übungsstatus hinausgelangt sind, zerrütten Sie das Fundament Ihrer Beziehung, das gegenseitige Vertrauen. Gehen Sie der Einfachheit halber davon aus, daß sein Charakter grundsätzlich mies ist, das verunsichert und erschüttert ihn gründlich. Unterstellen Sie ihm die negativsten Beweggründe, von denen Sie je gehört haben oder die Sie sich mit viel Phantasie ausdenken können. Teilen Sie ihm auch unbedingt immer mit, was Ihnen da eingefallen ist! Auf diese Weise sind schon viele, auch sehr gutmütige Männer, gründlich zermürbt worden.

Vergessen Sie, warum Sie sich einstmals in ihn verliebt haben, das liegt im grauen Nebel der Vergangenheit. Damals kannten Sie ihn schließlich noch kaum und wußten nicht, auf was Sie sich einlassen. Nachdem Sie seinen fiesen, archaischen und verkümmerten Charakter nun endlich durchschauen, *müssen* Sie auf der Hut sein, um nicht ständig hintergangen zu werden!

Machen Sie ihm auch immer wieder deutlich, daß Sie Ihre Mängelliste nicht aus der Luft gegriffen haben, sondern daß Sie sich in zahlreicher und guter Gesellschaft befinden. Ersticken Sie seine Gegenwehr im Ansatz, indem Sie ihm die neuesten Erkenntnisse aus Literatur, Frauenmagazinen und Wissenschaft um die Ohren hauen, denn diese sind absolut wahr und über jeden Zweifel erhaben. Die Regale in den Buchhandlungen brechen zusammen unter der Last der Bücher, die den *neuen Mann* fordern. Und die (meist weiblichen) Autoren wissen genau, wie der aussieht: Menschlich, das heißt zivilisiert und domestiziert, ohne rohe Wünsche und Triebe. Diesen lobenswerten Idealen darf und kann er sich einfach nicht verschließen!

Deshalb ist es Ihre *Pflicht*, die Scheinwerfer auf seine bröckelnden Stellen zu richten und sich an die Renovierung zu machen. Vielleicht gelingt es Ihnen dann – nach einigen Jahrzehnten –, aus diesem triebhaften Neandertaler den strahlenden Königssohn auf dem weißen Pferd zu machen, den sie sich immer gewünscht und fälschlich zunächst in ihm vermutet haben. Lassen Sie in Ihren Bemühungen niemals nach, womöglich sind Sie nur noch wenige Zentimeter vom Ziel entfernt!

Der veröffentlichte Mann

Ein wichtiger Schritt zur Zerrüttung ist die Kritik in der Öffentlichkeit. Teilen Sie Ihre Enttäuschung über seine Unvollkommenheit mit Ihren Freundinnen und Freunden, das hat den Vorteil, daß Sie sich Verbündete schaffen, und außerdem kann er sich weniger wehren als zu Hause.

Decken Sie vor allem Schwächen auf, die kein anderer so leicht ahnen würde, da sich alles, was dazugehört, in ihren vier Wänden abgespielt hat und eigentlich das Siegel der Verschwiegenheit und des Vertrauens trägt. Natürlich dürfen bei Ihrer Öffentlichkeitsarbeit deutliche Hinweise auf seine Schwächen als Liebhaber nicht fehlen, denn in diesem Punkt sind Männer wie Mimosen. Ansonsten wollen wir das Thema «Sex» vorläufig nicht weiter vertiefen, da es sich so hervorragend zur Zerrüttung eignet, daß wir ihm eigene Kapitel widmen werden. Es gibt noch genügend andere Schwachpunkte, die sich zur öffentlichen Kritik anbieten.

Malen Sie ein farbiges Bild seines umfangreichen Versagens. Sie brauchen sich nur die fehlerhafte Ausgabe Mann bei Ihnen zu Hause vor Ihr inneres Auge zu führen, und es fallen Ihnen mühelos zahlreiche Eigenschaften ein, die sich für das laute Herausposaunen eignen. Vergleichsweise harmlos ist das Aufdecken seiner tolpatschigen Unfähigkeit in praktischen Dingen. Sie können doch wirklich nicht *alles* selber machen! Selbst zur Reparatur des Fernsehers brauchten Sie neulich eine Fachkraft, während andere Männer das ohne fremde Hilfe schaffen! Demnächst werden Sie noch jemanden engagieren müssen, um einen Nagel einzuschlagen!

Etwas zerrüttungswirksamer ist das Enthüllen seiner gnadenlosen Langweiligkeit. Sollte er einmal ausnahmsweise einen guten Tag haben und witzige Anekdoten im Freundeskreis erzählen, so zeigen Sie deutlich, daß Sie diese Geschichten allmählich entnervend finden, weil Sie sie schon zum hundertstenmal gehört haben. «Schon wieder diese alte Kamelle» ist das mindeste, was man von Ihnen erwartet. Gähnen Sie, fangen Sie lautstark andere Gespräche an oder ruinieren Sie ihm seine Story, indem Sie vorzeitig mit der Pointe herausplatzen.

Besonders erfolgreich treffen Sie ihn aber bei seinem Ehrgeiz. Erzählen Sie, bevorzugt in größerer Runde, welche schlappe Figur er beim letzten Gespräch mit seinem Chef abgegeben hat und wie weinerlich er danach zu Hause herumgehangen ist. Dabei sind zusätzliche Seitenhiebe auf sein kümmerliches Einkommen und seine Nichtkarriere sehr nützlich. Nicht einmal einen Zweitwagen können Sie sich leisten! Aber solange er arbeitet, stört er Sie wenigstens tagsüber nicht. Verkünden Sie lautstark, wie Ihnen davor graust, wenn er einmal im Ruhestand ist und Ihnen den ganzen Tag auf die Nerven geht.

Betonen Sie verbittert immer wieder und vor möglichst viel Publikum: Wenn Sie damals nicht in einem Anflug geistiger Umnachtung ausgerechnet diesen sogenannten «Mann» gewählt hätten, dann wäre Ihr Leben anders verlaufen: nämlich schöner, erfolgreicher, angesehener und gesünder.

Kampfplatz Bett

Wußten Sie, aufmerksame Leserin, daß Männer ihrem wertvollsten Körperteil von klein auf die größte Aufmerksamkeit schenken? Das «Länger-dicker-härter-Spiel» dauert lebenslang. Schon kleine Buben spielen es. Dazu veranstalten sie köstliche Wettbewerbe, von denen die Mädchen naturgemäß ausgeschlossen bleiben (obwohl es auch kleine Mädchen gibt, die versuchen, diese Spiele im geheimen nachzuahmen, mit kläglichem Erfolg und nassen Oberschenkeln). Die Knaben kratzen zum Beispiel einen Strich in den Boden, stellen sich dahinter in einer Reihe auf, drücken das Kreuz durch und versuchen, so weit wie möglich zu pinkeln. Oder sie postieren sich vor einem Baum und versuchen ihren Strahl so hoch wie möglich anzubringen. Oder sie prüfen, wer seinen Namen am vollständigsten in den Schnee pissen kann (hier sind die Uwes und Jans deutlich im Vorteil).

Später veranstalten die älteren Knaben Größenwettbewerbe und legen Meßlatten an für Länge und Dicke. Darauf folgt das nie endende Thema «Potenz», über das sie zeit ihres Lebens im Kreise ihrer Kumpel prahlerische Reden führen. Alles dreht sich um dieses «länger, dicker, härter», egal ob es sich später dabei um das Auto, das Bankkonto oder das Eigenheim handelt.

Wahrscheinlich kann kaum eine Frau wirklich ermessen, was das Länger-dicker-härter-Thema für einen Mann bedeutet. Es bedeutet Kraft und Erfolg oder Angst und Versagen. Bringe ich ihn hoch? Kann ich die Erektion lange genug halten? Wie oft kann ich hintereinander? Wird sie wirklich zufrieden sein? Immer kann der Mann *sichtbar* versagen, im Gegensatz zur Frau. Frauen können immer, und wenn sie keine Lust haben, können sie jederzeit so tun, als ob. Sie können einen Orgasmus vorspielen und nebenbei ihre Einkaufsliste für die kommende Woche durchgehen («Bananen und Spargel muß ich noch besorgen»). Die Möglichkeit, jederzeit schlappzumachen, weckt Ängste, und Ängste des Partners sind ein wunderbares Feld für die Zerrüttung.

Hier gilt es also anzusetzen. Stellen Sie seine Männlichkeit gezielt in Frage. Es gibt kaum ein Terrain, auf dem Ihr Partner verletzlicher wäre. Setzen Sie ihrer Phantasie keine Grenzen!

Am einfachsten ist es, wenn Sie das Bett als Tummelplatz der Zerrüttung wählen. Denn dann stehen die Chancen gut, daß Sie ihn wirklich bald loswerden an irgend so ein altmodisches Weibchen, das seine zerbrechliche und empfindsame Männlichkeit hegt und pflegt.

Vor allem muß er sich den Sex ehrlich verdienen! Zunächst muß er Sie stundenlang oder tagelang in Stimmung bringen. Ohne ausgedehnteste Vorspiele geht gar nichts. Dazu zählen vor allem endlose Gespräche über sie beide – das schätzen Männer besonders, wenn sie so scharf sind, daß sie kaum mehr wissen, wie sie sitzen sollen. Erst wenn er Sie redend und streichelnd in eine wirklich romantische Gefühlslage gebracht hat, darf er an die Fleischtöpfe. Selbstverständlich nicht immer.

Zerrüttungsprofis ziehen sich jetzt so aus der Affäre: Unterstellen Sie ihm *ein* falsches Wort, das Ihre ganze Stimmung ruiniert hat. Unter dieser Voraussetzung können Sie auf keinen Fall mehr mit ihm schlafen! Und er ist ein so unsensibler Klotz, daß er nicht einmal errät, was er falsch gemacht hat!!! Dieses Vorgehen ist wirkungsvoller als jede unerwartete Migräneattacke, denn nun fühlt er sich auch noch schuldig. Sie hatten alles, was Sie haben wollten (nämlich Romantik und Streicheln), und er kann kaum nachhaltiger entnervt werden.

Wenn er *gelegentlich* zum Zuge kommt, dann geben Sie ihm das Gefühl, daß er im Bett so aufregend ist wie eine zwei Tage alte Semmel. Aus ihren Reden sollte er schließen können, daß dies ausschließlich an ihm liegt und nicht etwa an Ihnen. Schwärmen Sie zum Beispiel von *wirklichen* Männern. Oder plaudern Sie mit träumerischem Gesichtsausdruck von früheren Partnern. Der Heinz wußte nämlich wirklich genau, wo und wie man hinfassen muß, um eine Frau völlig zu befriedigen und glücklich zu machen. Der hat einen umarmt, daß einem Hören und Sehen verging! Bleiben Sie dabei so vage wie möglich, dann weiß Ihr Partner wieder einmal nicht, was er eigentlich falsch macht.

Schließlich ist es *seine* Aufgabe, für erstklassigen Sex zu sorgen. Sie können im Bett so lausig sein, wie Sie wollen. Die Skala der Gefühle, die Sie dabei zeigen dürfen, reicht von angeekelt bis gelangweilt.

Mit deutlichem Ekel vor seiner überdimensionalen Körperlichkeit können Sie seine Lust gründlich sterben lassen. Und falls er einmal vorsichtig versucht, die Missionarsstellung zu verlassen, machen Sie ihm deutlich, wie abartig Sie seine Triebe finden und daß *so was* mit Ihnen nicht zu machen ist. Damit züchten Sie weitere prächtige Schuldgefühle in Ihrem Partner.

Aber es reicht auch, Langeweile zu demonstrieren, um Ihr Liebesleben schleichend zum Tode zu verurteilen. Behalten Sie Ihr Nachthemd an und löschen Sie immer das Licht. Männer sind Augentiere und lieben es, zuzuschauen. Das fehlte gerade noch!

Sind Sie bereit für Ihren Opfergang? Am besten, Sie bewegen sich nicht und geben keinen Mucks von sich. Bleiben Sie still und steif wie eine Mumie, so daß er sich fühlen muß wie ein Leichenschänder. Einen Orgasmus sollten Sie unbedingt vermeiden (oder ihn wenigstens nicht zeigen), denn ein Mann zieht daraus völlig falsche Schlüsse, zum Beispiel den, *er* hätte Ihnen zu einem Vergnügen verholfen. Stellt er Ihnen nach dem Sex die männliche Lieblingsfrage: «Liebling, war es schön für dich???», dann antworten Sie auf keinen Fall, sondern reden Sie unvermittelt von dem wunderschönen roten Pullover, den Sie gestern gesehen haben.

Der domestizierte Mann

Männer zu domestizieren und Hunde zu dressieren ist fast dasselbe. Sie brauchen nur eine ganz einfache Regel der Hundedressur zu beherzigen, und Sie erzielen erstaunliche Effekte. Diese Regel heißt: Er bekommt den Hundekuchen nur, wenn er brav war.

Ihr wertvollster Hundekuchen ist das Dreieck zwischen Ihren Beinen. Und um das zu bekommen, muß er einiges bieten! Sex ist eine ausgezeichnete Waffe und eignet sich wunderbar, um Kontrolle über das Verhalten des Partners zu gewinnen. Kein tadelloses Verhalten – kein Sex! Keine absolute Liebe – kein Sex! Denn Frauen geben Sex, um Liebe zu bekommen, und Männer geben Liebe, um Sex zu bekommen.

Zunächst einmal lassen Sie ihn prinzipiell zappeln! Aber nicht nur ein bißchen, das steigert nur seine Lust. Nein, Sie müssen den Bogen gehörig überspannen, dann wird ein wunderbares Zerrüttungswerkzeug daraus.

Machen Sie ihm klar, daß Sex immer etwas Besonderes sein muß: Erotik, leidenschaftliche Hingabe, tiefe Befriedigung – immer wie ein Vier-Gänge-Menü im Luxushotel mit Appetizer, Vorspeise, Hauptgang und Dessert. Nichts da mit kleinen, schnellen Zwischenmahlzeiten oder gar einem ordinären Imbiß im Stehen.

Sie wissen natürlich, daß Frauen ihre Lust aussitzen können. Wenn es sein muß, über Monate oder sogar Jahre. Sie denken einfach nicht mehr daran! Männer hingegen bekommen – wie jeder weiß – sehr schnell eine Prostata, so groß wie ein Fußball, und brauchen Entladung.

In einem Woody-Allen-Film sieht das so aus: Mann und Frau sind beim Psychiater, jeder bei seinem eigenen. Die Leinwand ist geteilt. Beide werden gefragt:

«Und wie oft haben Sie Geschlechtsverkehr mit Ihrem Partner?»

Beide antworten simultan.

Er: «Schrecklich selten, dreimal die Woche!»

Sie: «Schrecklich oft, dreimal die Woche!»

An dieser Stelle können Sie den Hebel hervorragend ansetzen.

Es gibt wirkungsvollere Techniken als die berühmten Kopf- oder Kreuzschmerzen. Er kommt zum Beispiel abends nach Hause. Seit Tagen signalisiert er wachsende sexuelle Begierde, und heute kann er sich kaum mehr halten. Schon in der Tür fängt er an zu grapschen. Dem sollten Sie auf keinen Fall nachgeben. Während Sie sich unwillig aus seiner Umarmung befreien, stellen Sie angewidert fest, daß er wirklich immer nur an *eins* denken kann. Außerdem waren Sie beim Frisör, das Essen ist fertig, und Sie haben einen so anstrengenden Tag hinter sich, daß Sie danach sofort ins Bett wollen – und zwar, um *allein* zu *schlafen*, und sonst gar nichts! Er kann sich ja noch einen seiner Ferkel-Filme im Nachtprogramm ansehen, wenn er unbedingt muß.

Sex im Streit verbietet sich für Sie von selbst. Aber typisch: Gerade wenn Sie außer sich sind und vor Aufregung gerötete Wangen bekommen, wird er scharf! Dann sollten Sie versuchen, eine stundenlange, möglichst vorwurfsvolle Beziehungsdiskussion zu führen – das wirkt wie eine kalte Dusche und fördert die beiderseitige Verbitterung. Und da Sie selbstverständlich zu keiner Lösung kommen, muß er auf der Couch im Wohnzimmer übernachten, und Sie sprechen zwei Tage nicht mehr mit ihm.

Die Harmonie, Vorbedingung für den Sex, ist nach Ihrer Definition auch dann gestört, wenn er gar nicht weiß, was er falsch gemacht hat. Sie sind einfach beleidigt. Das macht Männer hilflos und wahnsinnig in einem. Seien Sie eingeschnappt, aber verraten Sie um Himmels willen nie den Grund. Er weiß nicht, was los ist? Na bitte, wenn er nur einen Funken Sensibilität hätte, dann wüßte er es. *Sie* werden es ihm jedenfalls nicht sagen, denn so viel Einfühlung muß er schon aufbringen, um selber darauf zu kommen. Natürlich kann es unter solchen entwürdigenden Bedingungen keinen Sex geben. Erst muß er seinen Fehler erkennen und sich wieder beliebt machen.

Möglicherweise haben Sie auf diese Weise eines Tages den vollkommen domestizierten Mann, der nach Hause kommt, die dicke Luft schon in der Eingangstür riecht und sagt: «Was immer ich getan habe, das ich nicht hätte tun sollen – es tut mir leid. Und was immer ich *nicht* getan habe, das ich hätte tun sollen – es tut mir auch leid!»

Stutzen Sie ihn und seine animalischen Triebe zurecht. Dann entwickelt er über kurz oder lang einen solchen Entzugsfrust, daß er Hals über Kopf in die Arme einer anderen flüchtet, die von unseren ausgefeilten Techniken noch nichts gehört hat.

Alles unter
Kontrolle

Kontrolle ist eine Grundhaltung, die Sie sich unbedingt zu eigen machen sollten. Man weiß ja, wie schnell Männer auf Abwege geraten, also überwachen Sie jeden seiner Schritte.

Die Voraussetzung ist eine minuziöse Regelung des Alltags. Alles wird genau definiert und ritualisiert, Überraschungen sollten da keinen Platz haben, denn sie sind mindestens so unangenehm wie lehmige Fußspuren in Ihrer frisch gewischten Küche. Also: Mittwochs ist der Tag für ernste Gespräche mit den Kindern, Samstag morgens wird die eheliche Pflicht erfüllt, und zwar immer im gleichen Ablauf und in der gleichen Weise. Sonntag ist der Tag mit dem ausgedehnten Mittagsmenü, das die ganze Familie in Atem hält und an dem alle unbedingt teilhaben müssen, sonst sind Sie zutiefst beleidigt. Ganz schnell abgewöhnen müssen Sie ihm solche Dinge wie unangemeldete Gäste oder ungeplante Überfälle auf Sie am Dienstagabend, bloß weil er sich gerade so fühlt.

Wenn Ihr Zeitplan so fabelhaft feststeht, wird Ihr Leben überschaubar und leicht zu kontrollieren – und seins auch! Bleiben Sie nicht bei der detaillierten Regelung Ihrer *gemeinsamen* Aktivitäten stecken, sondern prüfen Sie auch genau nach, was er in den Zeiten tut, die er ohne Sie verbringt. Mit wem trifft er sich? Wie lange? Wie heißen die Leute? Sind es Männer oder Frauen? Frauen??? Wie sehen sie aus? Bestimmt haben die nichts anderes im Sinn, als ihn zu verführen und Ihnen abspenstig zu machen, man kennt das zur Genüge! Er ist zwar kein Schmuckstück, aber manche Weiber sind ja nicht besonders wählerisch. Verdächtigen Sie ihn bei jedem freundlichen Lächeln, das nicht Ihnen gilt. Und selbst wenn es Ihnen gilt, sollten Sie mißtrauisch sein – wahrscheinlich hat er nur ein schlechtes Gewissen!

Sie *müssen* einfach wissen, was er wann mit wem tut. Durchsuchen Sie seine Anzugtaschen nach Belegen und Zetteln, die beweisen, daß er sich irgendwo bewegt hat, ohne Sie zu informieren. Wenn Sie fündig werden, zerstört das natürlich Ihre gemeinsame Basis, Ihr Vertrauen und Ihre Liebe von Grund auf! Sie haben sich immer einen verläßlichen Partner gewünscht, und nun das! Sollte Ihr Mann es lieben, nach der Arbeit abzuschalten und vor sich hin zu dösen, dann lassen Sie das auf keinen Fall zu. Sie müssen immer wissen, was er denkt, deshalb sparen Sie nicht mit aufbauenden Fragen wie: «Einen Penny für deine Gedanken!?» Nach seinem träumerischen Gesichtsausdruck zu urteilen, denkt er bestimmt an andere Frauen. Bedrängen Sie ihn so lange, bis er es mürrisch zugibt!

Schreiben Sie ihm exakt vor, wie er in bestimmten Situationen zu fühlen hat – nämlich genauso wie Sie. Er findet den gemeinsam gesehenen Film nicht komisch? Dann hat er eben keinen Humor. Er ist nicht gerührt beim Anblick der kleinen Hündchen im Nachbarhaus? Ihn packt nicht das spontane Mitgefühl bei Frau Kleinschmidts Erzählung über das traurige Los ihrer Tante? Er ist halt ein unverbesserlicher Rohling! Führen Sie ihm *andere* Männer als leuchtendes Beispiel vor Augen, und ruhen Sie nicht, bis er in Ihrer Gegenwart an genau der richtigen Stelle Tränen vergossen hat.

Kurzum, kontrollieren Sie kompromißlos seine Taten, seine Gedanken, seine Gefühle – und seine Kleidung! Wie bereits angedeutet, Männer haben einen modischen Geschmack wie Erdwürmer: Ihre Sachen sollen möglichst dunkel, unauffällig und bequem sein. Geben Sie keine Ruhe, bis Sie ihm Ihren Stil aufgenötigt haben. Machen Sie jeden Morgen an ihm rum, bis er entweder aus dem Fenster springt oder sich seine gesamte Garderobe von Ihnen kaufen und auch täglich zurechtlegen läßt, damit er nur ja nichts mehr falsch macht und die Unterhose bestimmt zu den Socken paßt.

Schluß mit der Balzerei

In einer Witzzeichnung steht das Brautpaar nach der Trauung vor der Kirchentür. Die Braut wirft mit strahlendem Gesichtsausdruck ihren Brautstrauß in die Menge und ruft: «Endlich keine Abmagerungskuren mehr!» Seinen Gesichtsausdruck können Sie sich denken.

Wenn Sie ihn unter Dach und Fach haben, brauchen Sie sich endlich nicht mehr anzustrengen. Wozu auch? Wer käme denn auf die törichte Idee, den eigenen Mann täglich verführen zu wollen oder gar zu müssen?! Die einzig sinnvolle Grundhaltung einer Ehefrau ist: Der eigene Mann ist ein staatlich verbriefter Besitz, um den man nicht mehr buhlen muß. Flirten, becircen, verliebte Blicke werfen und besonders das direkte Verführen haben in einer anständigen Ehe nichts verloren. Einmal die Woche zur festgesetzten Zeit die eheliche Pflicht zu erfüllen ist mehr als genug!

Auch die weibliche Putzsucht gehört nun der Vergangenheit an! Neben der erfreulichen Tatsache, daß

Sie endlich so viel essen können, wie in Sie hineinpaßt, können Sie auch aufhören, sich für ihn hübsch zu machen. Auf Ihr Äußeres legen Sie nur noch Wert, wenn Sie ausgehen, um *andere* Leute zu sehen – für *ihn zu Hause* ist auch der geringste Aufwand zuviel. Schließlich sind Sie kein Sexobjekt, sondern eine gleichberechtigte Partnerin. Er hat Sie wegen ihrer inneren Werte geheiratet – und die soll er jetzt haben. Alles andere wäre ein erniedrigendes Buhlen und Sich-verstecken, ein Rückfall in die Steinzeit der Voremanzipation. Ganz gleich wie farblos, blaß, müde und zerknittert Sie ungeschminkt aussehen – er liebt Sie ja schließlich unabhängig von Äußerlichkeiten. Glauben Sie ihm also unbedingt, wenn er sagt: «Ungeschminkt gefällst du mir viel besser.» Die Chancen stehen gut, daß er eines Tages mit seiner aufgetakelten Sekretärin durchbrennt.

Ist es nicht wunderbar, daß Sie ab sofort Ihre alten Sachen auftragen können?! Bedenken Sie, was Sie sparen an Kosmetik und Friseur! (Das gibt Ihnen darüber hinaus die Gelegenheit, ihm Ihre Sparsamkeit immer wieder unter die Nase zu reiben.) Sollten Sie gelegentlich Geld für Kleidung ausgeben, dann ist es Ihre Pflicht als aufgeklärte Zeitgenossin, sich *ausschließlich* nach den letzten Modetrends zu richten, und zwar bevorzugt nach den scheußlichen. Das zeigt Ihre Aufgeschlossenheit für Neues, Ihren Mut zum Unkonventionellen und Ihre Unabhängigkeit von der weiblichen Gefallsucht. Kaufen Sie am besten Sachen, die er zum

Wegschauen findet, mit der Begründung: «Das trägt man jetzt, und davon verstehst du nichts.»

Eine feste Beziehung bedeutet für Sie nicht nur das Ende des ständigen Zwangs zur Attraktivität, sondern auch das Ende der Balzerei, jedenfalls mit dem eigenen Partner. Wenn überhaupt noch internes Gebalze ansteht, dann muß ausschließlich *er* es tun. Aus dem Tierreich ist eindeutig belegt: Die Männchen müssen den Weibchen den Hof machen, müssen sie umgurren und umturteln und ihnen stets und ständig zeigen und beteuern, wie attraktiv sie sind. Es gilt also die Regel: Männer sind die Sender und Frauen die Empfänger von Komplimenten, nicht umgekehrt.

Gewiß, es gibt auch eine Ausnahme: Gerade als moderne Frau können Sie einem Mann ganz direkte Komplimente über seinen flachen Bauch, seine breiten Schultern oder seinen knackigen Hintern machen und sich dabei sehr emanzipiert fühlen. Dann ist *er* zur Abwechslung das Sexobjekt. Je arroganter und aggressiver Sie dabei vorgehen, um so besser, denn das verunsichert ihn und schlägt ihn vielleicht sogar in die Flucht. Vergessen Sie also nie einen sarkastischen Unterton, dann schlagen Sie zwei Fliegen mit einer Klappe: Sie fühlen sich größer, und er bekommt Angst. Die feine, erotische Art von Komplimenten, zum Beispiel in Form schmachtender Blicke, gehört selbstverständlich der Vergangenheit an, da sie bei Männern diese unbeschreibliche, glatte Selbstzufriedenheit auslöst, dieses innere Wachsen um siebzehn Zentimeter, das den Frauen so verhaßt ist.

Während Männer heutzutage lernen müssen, ihre Komplimente *sehr* vorsichtig zu dosieren, da sie im Handumdrehen auf gefährliches Gelände geraten können, ist es für Frauen – so ungerecht ist die Welt – völlig ungefährlich, zu zeigen, daß ein Mann begehrenswert für sie ist. Ein Mann, der sich an einer attraktiven Frau ergötzt und ihr das mitteilt, begibt sich auf minenträchtigen Boden. Wehe, er bekommt ein Leuchten ins Auge, wenn sie ein enges Kleid oder einen Minirock trägt, dieses Schwein! Wagt er es, eine auch nur andeutungsweise erotische Bemerkung zu machen, wie: «Mit Ihnen würde ich gerne mal ins Bett gehen!», kann er leicht vor dem Kadi enden. Dagegen kam kein Mann bisher auf die Idee, sich wegen eines direkten oder indirekten Komplimentes von einer Frau, und sei es noch so erotisch, derart belästigt zu fühlen, daß er die Gerichte anrufen mußte. Das «sexual harassment» für Männer ist noch nicht erfunden, aber es wird kommen, ganz sicher, denn Rache ist süß.

Die Zeiten haben sich also grundlegend geändert. In grauer Vorzeit, vor etwa dreißig bis fünfzig Jahren, gab es noch einen Austausch: Männer durften hemmungslos Komplimente verteilen und bekamen für ihre Schmeicheleien und Anzüglichkeiten die weibliche Bewunderung ihrer geistigen Überlegenheit, Stärke und Potenz. Allein der Gedanke daran ist heute absurd. Männliche Überlegenheit! Männliche Stärke und Potenz, pah! Bewunderung? Für seine Großartigkeit? Niemals! Denn wenn Sie ihm zeigen würden, daß er der Größte für Sie ist, würde er nur eingebildet und womöglich in seinem Ehrgeiz nachlassen. Man kennt ja den Größenwahn der Männer. Und stellen Sie sich nur kurz vor, wie hoffnungslos altmodisch und bewußtseinsmäßig neben Ihrer Zeit Sie sich als Bewunderin (!) eines Mannes (!) fühlen müßten! Schauerlich! Ein grauenhafter Gedanke! Verwerfen Sie ihn sofort!

Also, zurück zum Ausgangspunkt: Keine Bewunderung, kein Flirt, keine zarten Komplimente mehr, sobald Sie sich seiner sicher sind. Diesen Spaß sollten Sie sich nur noch mit *anderen Männern* gönnen, keinesfalls mit Ihrem eigenen – aber vorzugsweise in seiner Gegenwart. Für Fortgeschrittene empfehlen sich auch so wunderbar hinterhältige Komplimente wie dieses: «Du bist der Beste, den ich kriegen konnte.»

Ein gekonnter
Überfall

Stellen Sie sich vor: Es soll Frauen geben, die *ihm* nicht nur schwärmerische Bewunderung zukommen lassen, sondern ihre Zärtlichkeit weit deftiger zum Ausdruck bringen. Jede anständige Frau bekommt eine Gänsehaut bei diesem Gedanken! Solche Weiber verführen ihre Männer und legen sie regelrecht um. Sie wissen genau, wann man zu diesem Zweck wo und wie bei ihm hinfassen muß. So verhalten sich doch nur Gewerbliche! Solche nuttigen Frauen schaffen es, daß er morgens Anzug und Krawatte noch mal auszieht und sich im Büro für die Verspätung mit einer Autopanne entschuldigt. Die pirschen sich beim Fernsehen von hinten an ihn heran, hängen ihm ihren Busen über die Augen und dünsten unverhohlen Lust aus allen Poren. Und dann vergnügen sie sich ungeniert auf dem Wohnzimmerteppich! Ist das nicht abgeschmackt?

Lassen Sie unter allen Umständen solche Mätzchen. Bleiben Sie so ehrbar, wie Sie es von Ihrer Mutter gelernt haben. Liebe ist schließlich etwas Edles, Durchgeistigtes, und Sie sollten sich zunehmend von der feuchten Welt der Erotik und des Sex abheben, wenn Sie sich zum ewigen Bund zusammenschließen, sei er nun abgesegnet oder «wild». Zeigen Sie ihm also nie, daß Sie Lust auf ihn haben, und vor allen Dingen: Fassen Sie ihn niemals eindeutig an!

Es sei denn, Sie sind eine von den ganz modernen Frauen. Die zeigen ihr Verlangen *gelegentlich*, das gilt sogar als besonders emanzipiert. Damit Sie derartige Initiativen zerrüttungsmäßig nützen können, sollten Sie zwei Dinge beachten. Erstens: Bringen Sie Ihre Forderung nach einem leidenschaftlichen Beischlaf in einem Ton vor, der keinen Widerspruch duldet, am besten garniert mit dem Vorwurf, daß er Sie schon ziemlich lange nicht mehr bedient hat. Und zweitens: Wählen Sie dafür einen möglichst ungünstigen Zeitpunkt. Das macht *er* schließlich auch häufig genug, denn ihm schwillt bevorzugt der Kamm, wenn Sie sich gerade sorgfältig für den Opernbesuch zurechtgemacht haben und ohnehin zu spät dran sind.

Ein gekonnter Überfall auf ihn will allerdings wohlüberlegt sein, damit nicht aus Versehen womöglich beide Spaß an der Sache haben. Nur wenn ihm Ihre unerwartete Heißblütigkeit *überhaupt nicht* in den Kram paßt, stehen die Chancen gut, daß er sich verweigern wird, genau so, wie Sie das in vergleichbaren Situationen immer tun. Ein *weibliches* «Nein» zu einer männlichen Attacke ist jedoch so häufig, daß es folgenlos vorüberrauscht, während *sein* «Nein» ihm erheblich zu schaffen macht.

Ihr Überraschungsangriff bietet sich beispielsweise an, wenn er todmüde aus dem Büro kommt oder wenn er sich am ganzen Körper zerschlagen fühlt, weil eine Grippe naht. Günstig sind auch Situationen, in denen er noch eine wichtige Arbeit unter Zeitdruck erledigen muß. Oder genau dann, wenn das Endspiel der Fußballweltmeisterschaft im Fernsehen läuft. Natürlich dürfen Sie einen Seitenhieb auf seine Potenz nicht vergessen, wenn er sich unter solchen Umständen verweigert. Sollte er trotz aller Widrigkeiten versuchen, sich auf Sie einzulassen (schließlich kommen solche Angebote selten genug), dann versagt er möglicherweise tatsächlich – und das ist ja auch nicht übel.

Werden Sie
Vatis Mutti

Die meisten Frauen sind sich darin einig: Männer sind kleine Buben in langen Hosen. Der einzige Unterschied zwischen einem ausgewachsenen Mannsbild und einem Knaben sind die Kosten für sein Spielzeug.

Männer brauchen viel Hege und Pflege, und sie können viel wirkungsvoller leiden als Frauen. Jede Frau, die einmal einen kranken Mann zu Hause hatte, weiß das. Er braucht liebevolles Zureden, unablässiges Nachfragen nach seinem Befinden, verbunden mit der Versicherung, daß es ihm bestimmt bald besser gehen wird, und außerdem alle halbe Stunde einen frischen Tee, einen kleinen Imbiß, die Fernsehzeitschrift und eine neue kühle Kompresse auf die Stirn, gerade so wie ein kleiner Junge.

Wie kleine Jungen hassen auch erwachsene Männer jede Art von Hausarbeit. Am Anfang einer neuen Beziehung sind Männer jedoch häufig noch äußerst hilfswillig. Aber welche Frau kann eine solche Hilfe ohne

Nervenzusammenbruch ertragen!? Frauen hassen diese Arbeit zwar auch, aber sie erledigen sie wenigstens schnell und geschickt. Bei *ihm* dauern alle Einsätze im Haushalt mindestens doppelt so lange, so daß es Ihnen schon beim Zuschauen in den Fingern juckt: Greift er zum Beispiel zum Bügeleisen, gelingt es ihm mühelos, mehr Falten ins Hemd hinein- als herauszubügeln. Bevor er den Staubsauger zur Hand nimmt, tüftelt er erst einmal eine halbe Stunde lang über Möglichkeiten, den Arbeitsablauf grundlegend zu rationalisieren, und er benötigt eine weitere halbe Stunde, um Ihnen klarzumachen, wie wenig rationell Sie bisher gearbeitet haben. Falls er Ihnen das Kochen – bei besonderen Gelegenheiten – abnehmen will... Aber Sie wissen ja selbst, wie eine Küche aussieht, nachdem ein Mann darin gewirtschaftet hat!

Tun Sie sich das nicht an, sondern nehmen Sie ihm lieber gleich *alles* aus der Hand («Ich mach das schon»). Männer resignieren in diesem Punkt erstaunlich schnell, und das fördert Ihren Groll, weil er sich immer öfter bedienen läßt. Er ist selber schuld, wenn Sie ab und zu böse werden und ihn bestrafen müssen.

Sie sehen schon: Ihr Partner ist, von seinem emotionalen Reifezustand und Ihrem unermüdlichen Einsatz her gesehen, wie ein weiteres Kind. Und daher liegt es auf der Hand: Werden Sie seine Mutti. Das macht Spaß, und es kommt Ihren weiblichen Pflegeinstinkten sehr entgegen. Der Schritt vom Bemuttern zum Bevormunden ist sehr klein, und dieser sanften Methode der Einengung kann er sich nur schwer entziehen, da sie nicht nur seiner Unreife, sondern auch seinen Paschaneigungen stark entgegenkommt. Sollte er unerwartet erwachsene Züge zeigen, dann bemuttern Sie ihn um so heftiger, bis er sich wieder zum Knaben zurückentwickelt. Fachleute nennen das Regredieren.

Das gibt Ihnen das wunderbare Gefühl machtvoller Überlegenheit und fördert zudem die zunehmende Verachtung für seine Unterordnung und Verkindlichung, die sich schleichend in Ihnen breitmacht. *Ihr* hehres Gefühl der Unschuld bleibt natürlich unversehrt, und das macht diese Zerrüttungsvariante so köstlich hinterhältig. *Sie* können nun wirklich überhaupt nichts dafür! Schließlich handeln Sie völlig selbstlos. Sie sind die einzige, die genau weiß, was gut für ihn ist und was ihm schadet. Ist er zu warm oder zu dünn angezogen? Legen Sie ihm am besten täglich die Kleidung in der richtigen Reihenfolge zurecht, damit nichts schiefgeht, und prüfen Sie, ob er in der kalten Jahreszeit wirklich die langen Unterhosen angezogen hat. Es dauert nicht lange, und er *muß* Sie in jedem Detail fragen: «Wo sind meine schwarzen Socken?» – «Ich kann das blaugestreifte Hemd nicht finden!» Daß Sie ihm auch für Geschäftsreisen den Koffer packen müssen, versteht sich dann von selbst.

Natürlich müssen Sie auch jeden Morgen *vor* ihm aufstehen. Erstens ist er zu chaotisch, um sich selbst das Frühstück zu machen, und außerdem ist es Ihre Pflicht, sich zu vergewissern, daß er ausführlich, ausreichend und das Richtige frühstückt und nicht nur eine Tasse Kaffee im Stehen herunterspült. Gegebenenfalls sollten Sie für mittags einen bekömmlichen und leicht verdaulichen Imbiß für ihn vorbereiten. Kontrollieren Sie abends, ob er Ihr makrobiotisches Mahl wirklich ordentlich aufgegessen oder ob er womöglich wieder einen dieser schnellen Fleischklopse heruntergeschlungen hat.

Es ist Ihre Pflicht, sein Leben zu ordnen und zu überwachen. Er braucht Ruhe und einen geregelten Lebenswandel. Aufregungen und alles Unvorhersehbare sind schlecht für ihn. Ein Ei die Woche genügt, und ansonsten ist Müsli seiner Gesundheit viel zuträglicher. Alkohol bleibt selbstverständlich nur ganz besonderen Gelegenheiten vorbehalten. Protestiert er dagegen, ist das nur ein weiteres Zeugnis seiner Unreife. Schließlich – so halten Sie ihm vorwurfsvoll entgegen – trinken Sie ja auch nicht so gedankenlos ein Bier nach dem anderen. Organisieren Sie alle Termine mit Freunden und Verwandten und prüfen Sie auch, mit was er sich beschäftigt – manche Männer sind so kindisch, daß Sie statt Fachbüchern lieber Comics lesen, von den schweinischen Männermagazinen ganz zu schweigen!

Machen Sie ihm klar, daß alles danebengeht, wenn er ohne Sie entscheidet. Geht dann tatsächlich einmal etwas schief, untermauern Sie Ihren überlegenen Weitblick möglichst häufig mit dem beliebten Satz: «Das habe ich dir doch gleich gesagt!» Falls er noch nicht vollständig abgestumpft ist, wird ihn das zur Raserei bringen und Ihnen einen Punkt auf der nach unten offenen Zerrüttungsskala sichern.

Sorgen Sie dafür, daß Ihnen das Bemuttern so in Fleisch und Blut übergeht wie der Frau, die gedankenverloren das Steak auf dem Teller eines wichtigen Geschäftspartners Ihres Mannes vor seinen verblüfften Augen in kleine, bißgerechte Stückchen schnitt.

Nennen Sie ihn hartnäckig «Vati», bis auch er an der Anrede «Mutti» nichts Ungewöhnliches mehr findet. Dann haben Sie wirklich gewonnen! Mütter tragen unendlich viel Liebe zu ihren Schutzbefohlenen im Herzen – eine keimfreie, selbstlose, wenn auch häufig besitzergreifende Liebe –, nicht so etwas Flirrendes und Feuchtes wie die erotische und sexuelle Anziehung zwischen zwei Erwachsenen. Wenn Sie ihn nur gründlich genug bemuttern, stehen die Chancen gut, daß Ihre Gefühle ihm gegenüber bald nur noch von sauberer Art sind.

Günstigerweise funktioniert die menschliche Psyche sehr pauschal: Dort, wo die reine mütterliche Liebe Platz greift, ist kein Raum mehr für die dunkle, beunruhigende Seite der zwischenmenschlichen Anziehung. Welche Entlastung! Nach einiger Zeit spüren Sie die Inzestschranken, und es wird schwierig oder ganz unmöglich, mit ihm noch etwas anderes zu machen als ihn liebevoll zu umsorgen. Sie können schließlich nicht das eigene Kind sexuell mißbrauchen! Vielleicht haben Sie zunächst noch das diffuse

Gefühl, daß Ihnen etwas fehlt, aber keine Sorge – bald haben Sie vergessen, was es war.

Er wird es allerdings nicht so leicht vergessen, und Sie können damit rechnen, daß einige seiner unterversorgten Bedürfnisse irgendwann von einer anderen befriedigt werden, der die Mütterlichkeit nicht aus jedem Knopfloch springt.

Der Kochlöffel
als Waffe

Ein altes Sprichwort sagt: «Liebe geht durch den Magen.» Diese Koppelung von Liebe und Ernährung zeigt einmal mehr die Verwandtschaft zwischen der Zähmung von Männern und der Hundedressur («Liebe die Hand, die dich füttert»). Früher bezog sich das auf die Tatsache, daß junge Männer immer hungrig waren und sich wegen ihrer chronischen Geldnot selten satt essen konnten. Heute ist das Sprichwort auf viel hintergründigere Weise wahr, denn Männer wollen vor allem drei Dinge:

Erstens eine gute Mahlzeit, zweitens einen guten Beischlaf und drittens einen guten Schlaf, nicht unbedingt immer in dieser Reihenfolge, aber alles möglichst ohne viel Aufhebens und Gelabere.

Also bekochen Sie ihn. Er findet das am Anfang bestimmt sehr angenehm und wird gern freiwillig versichern, daß es ihm noch nie so gut geschmeckt hat. Vor allem, wenn er noch einen saftigen Sex in Aussicht hat.

Mit Koch- und Essensritualen läßt sich dann sehr schnell Terror verbreiten. Sie können ihm damit schlüssig beweisen, wie sehr Sie sich für ihn aufopfern, denn Sie kochen ja nur für ihn. Manche Frauen sitzen, um dies zu unterstreichen, bei Tisch nur noch dabei und betrachten *ihn* beim Essen. Nach einiger Zeit werden die Mahlzeiten zur nie versiegenden Quelle des Frustes für beide. Erst kochen Sie stundenlang hingebungsvoll, und dann spielen Sie Spinne im Netz: Lauern Sie auf seine Beteuerungen, wie wunderbar es wieder geschmeckt hat, welche Meisterin Sie im Zubereiten des Omeletts sind und wie delikat der Salat wieder gewürzt ist (zum 3578sten Male.) Die Stimmung ist natürlich ruiniert, wenn er das Kunstwerk in siebeneinhalb Minuten herunterschlingt und genervt irgendwas in seinen Bart mufft.

Da Sie hingebungsvoll, aufwendig und viel kochen, müssen die Mahlzeiten natürlich zu streng festgelegten Zeiten zelebriert werden. Jede Verzögerung ist ein Drama, weil es den Zeitplan durcheinanderbringt und die Qualität der Speisen beeinträchtigt. Das ist dann eine ausgezeichnete Gelegenheit, ihn an den vollständig desolaten Zustand seines Charakters zu erinnern!

Je eher Sie anfangen, Ihren Fütterungsterror zu starten, desto besser. Sie schlagen so zwei Fliegen mit einer Klappe. Erstens nerven Sie ihn mit Ihrer Aufopferung. Zweitens wird er mit zunehmender Rundung träger und «belästigt» Sie nicht mehr so oft, so daß von der Liebe und dem Magen bald nur noch der

Magen und das ausgedehnte Verdauungsschläfchen übrigbleiben.

Einen Nachteil nehmen Sie allerdings in Kauf: Je fetter er wird, um so weniger attraktiv ist er auch für andere Frauen, und dann werden Sie ihn überhaupt nicht mehr los. Sie können in diesem Fall erst wieder Hoffnung auf Zerrüttung und Trennung schöpfen, wenn er plötzlich anfängt, auf seine Figur zu achten und abzunehmen – dann ist bestimmt irgendein Flittchen im Spiel, das ihn anders lockt als mit Küchendüften.

Porenrein soll
alles sein

Knaben sind anders als Mädchen. Jede Mutter weiß es, aber für die Neue Frau ist dies eine nie versiegende Quelle der Frustration: Schon kleine Jungen lieben wilde Spiele und möglichst viele Waffen, und sie machen sich viel schmutziger als kleine Mädchen. Jungen bauen sich großsprecherisch und herausfordernd vor dem Gorilla der Klasse auf und riskieren eine blutige Nase und ein blutiges Hemd. Auf so eine schwachsinnige Idee würde kein Mädchen kommen, denn ihm liegt neben der eigenen Nase auch der neue Pullover sehr am Herzen!

Für Knaben gibt es nur eines, was schlimmer ist, als sich abends zu waschen, nämlich sich morgens zu waschen. Es macht ihnen nichts aus, daß sich in ihrem Zimmer schmutzige Socken und Unterhosen so lange vermehren, bis man nirgendwo mehr hintreten kann. Manch findiger Bursche knüllt diese muffelnden Haufen rechtzeitig unter das Bett oder hinter den Sessel, damit das jaulende Gequengel seiner Mutter endlich ein Ende hat. Man sieht dann nichts mehr, aber sein Zimmer riecht, als wäre vor einiger Zeit etwas darin verendet.

Männer bleiben im Grunde ihrer Seele ihr Leben lang die ungezogenen Knaben, die sich gerne immer wieder schmutzig machen. Auch Goethe – bekanntermaßen ein besonders männlicher Mann – hat das gewußt, als er schrieb: «Es ist mir ganz pfui teuflisch wohl, als wie 500 Säuen!» Oder so ähnlich. Das muß man sich ja nicht bieten lassen! Verlieren Sie Ihr Idealbild von der Lady und dem Gentleman nie aus den Augen, und gewöhnen Sie ihn an Deo, Parfüm und saubere Fußnägel.

Napoléon soll an Joséphine geschrieben haben: «Wasch Dich nicht, ich komme in wenigen Tagen!» Diese unzivilisierten Zeiten sind Gott sei Dank vorbei. Hygiene ist das Gebot der Stunde, vor allem beim Sex. *Er* hätte es gerne wild, heiß und feucht, aber Sie lieben es sanft und keimfrei und ohne nasse Flecken. Duschen vor- *und* nachher muß sein, und zwar für *beide.* Spontane, schwitzige Überfälle stoppen Sie am besten durch gezieltes Naserümpfen oder, bei dickfelligen Exemplaren, durch eine zarte Bemerkung wie: «Hier riecht es äußerst merkwürdig! Wann hast du dich zum letztenmal gewaschen?»

Männer verstehen unter Gemütlichkeit, sich in ihrem Lieblingssessel niederzulassen, die Füße auf den Couchtisch zu legen und die Zeitung sowie ihre Zigarettenasche um sich herum zu verstreuen. In solchen

Momenten sollten Sie zum Staubsauger greifen und um ihn herum mit dem Aggressivputzen beginnen. Geizen Sie dabei nicht mit halblauten, aber gut hörbaren Selbstgesprächen über das grundlegend Primitive am männlichen Charakter.

Achten Sie immer und überall auf peinliche Ordnung und Sauberkeit, denn dies sind die Säulen der menschlichen Zivilisation und des medizinischen Fortschritts. Auf Ihnen lastet die Verantwortung, daß Ihr Alltag nicht ins Animalische abgleitet!

Bestehen Sie darauf, daß er beim Betreten der Wohnung sofort die Schuhe auszieht und sich die Hände wäscht. Erst dann sind Sie bereit, sein Begrüßungsküßchen entgegenzunehmen. Bürsten Sie auch seinen Mantel ab, bevor er aufgehängt wird.

Und sorgen Sie dafür, daß nach den Mahlzeiten das klebrige Geschirr sofort abgeräumt und abgewaschen wird. Von wegen, an abgefressenen Tischen weiterplaudern und zechen. Wir sind schließlich nicht in Italien! Für Sie kann es erst gemütlich werden, wenn die Küche nicht nur wieder sauber, sondern rein ist. Machen Sie niemals eine Ausnahme, denn Sie wissen ja: Chaos und Unordnung lauern überall, auch auf abgegessenen Tellern.

Reden ist
Silber...

Für Frauen ist es unfaßbar, aber Männer haben kein Bedürfnis, über ihre Zweierbeziehung zu reden, solange sie ihnen intakt erscheint! Jedenfalls nicht so, wie sich Frauen das wünschen. Männer reden zwar mit ihren Kumpels über die Frauen im allgemeinen und über ihre eigene im besonderen, aber in einer Art und Weise, daß den Frauen der Rauch aus den Ohren steigt.

Der Mann hat üblicherweise auch kein ausgeprägtes Bedürfnis, sein Seelenleben vor einem anderen Menschen auszubreiten, und sei er ihm noch so nahe. Nähe zu einem anderen zeigt er eher in rauhen Gesten, wie einem gewaltigen Schulterschlag, als in vielen Worten.

Sie erinnern sich: Das männliche Wohlfühlprogramm besteht aus drei Zutaten, nämlich essen, vögeln und schlafen. Reden kommt leider nicht vor in dieser Prioritätenliste. Auch für Frauen hat die ideale Partnerschaft drei Bestandteile, nämlich reden, reden und reden. Am liebsten «*über uns*». Das könnte etwa so aussehen: Sie setzen sich abends gemütlich zusammen und erzählen, wie es Ihnen ums Herz ist und wie Sie sich mit *ihm* fühlen, wo Sie noch etwas verbessert haben möchten und was Ihnen wirklich gut gefällt an Ihrem Zusammenleben. Die Stimmung ist so entspannt, daß Sie sogar ohne Peinlichkeit über Ihr Sexleben reden und ihm klarmachen können, was für Sie besonders lustvoll ist und was nicht. Natürlich reden Sie auch über sich und Ihre Befindlichkeiten und über ihn und seine Befindlichkeiten und selbstverständlich auch über alltägliche Details wie Frau Kunzes unmögliches neues Kleid.

Sie sind nicht besonders anspruchsvoll, zwei bis drei Stunden solcher Gespräche, sagen wir etwa drei- bis viermal die Woche, würden Ihnen schon reichen. Bei dieser Vorstellung bekommen Sie feuchte Augen vor Begeisterung, nicht wahr?

Da Ihr Partner, sollte es sich um einen normalen Mann handeln, derartige Gespräche ähnlich faszinierend findet wie einen eingewachsenen Zehennagel oder ein verbranntes Abendessen, sollten Sie ein wenig Druck ausüben. Zwingen Sie ihn dazu, Ihnen immer wieder seine emotionale Nähe und Gefühlstiefe dadurch zu beweisen, daß er sich dazu äußert.

Zum Minimalprogramm Ihrer Forderungen gehört seine *tägliche* Versicherung, daß er Sie nach wie vor liebt. Haken Sie notfalls immer wieder nach («Liebst du mich noch?») – Sie wissen ja, wie vergeßlich Männer sind! Nur durch sein stetes Wiederholen des Satzes «Ich liebe dich!» können Sie sicher sein, daß es Ihnen gelungen ist, die Verliebtheit der ersten Zeit in den tristen Alltag hinüberzuretten.

Im nächsten Schritt zwingen Sie ihn, jedes Thema auszudiskutieren bis zur Schmerzgrenze. Reden Sie mit Ihrem Partner über *alles*, und zwar ausführlich. Sie wissen doch, wie wichtig das ist. In jeder Zeitschrift, die auf sich hält, wird schließlich Offenheit gepredigt. Die gehört heute zweifellos zur guten Partnerschaft. Wenn Sie siegreich zerrütten wollen, dann halten Sie sich daran.

Wählen Sie für Ihre Ausführungen möglichst einen Zeitpunkt, in dem er den Kopf mit anderen Dingen zum Bersten voll hat. Beginnen Sie dann mit Themen, die ihn ähnlich fesseln wie Frau Hinterhubers Streit mit Frau Obermaier. Erzählen Sie ihm also beispielsweise abends minuziös Ihren Tagesablauf und alles, was Sie sich dabei gedacht haben. Da hat Ihnen doch glatt die Verkäuferin am Wurststand ohne nachzufragen zwanzig Gramm mehr aufhängen wollen. Aber Sie lassen das nicht mit sich machen, Sie nicht! Und in der Boutique, da, wo diese grell gefärbte Blondine verkauft, hat Ihnen dieses blöde Weibsstück doch einfach einreden wollen, Sie würden nicht mehr in Größe 42 passen. Die muß grad reden, mit ihrem fetten Hintern! Und die Kollegin, die Schulze, hat heute schon wieder schnippische Bemerkungen über die lächerlichen fünf Minuten Zuspätkommen gemacht. Irgendwann geben Sie es ihr ordentlich! Und… Hören Sie mit Ihren akustischen Attacken erst auf, wenn er erschöpft vom Stuhl gekippt ist.

Neben den Fragen der Alltagsbewältigung breiten Sie auch Ihre Wünsche, Vorstellungen und Probleme vor ihm aus, überwiegend solche, die ihm zeigen, wie weit Ihre Partnerschaft vom Idealzustand entfernt ist. Reden Sie über Ihre inneren Mangelzustände, vor allem diejenigen, die sich aus den verschiedensten Gründen nicht beheben lassen (zum Beispiel deshalb, weil *er* so eine Pflaume ist). Genießen Sie so lange wie möglich das wohlige Gefühl, einen verständnisvollen Zuhörer zu haben, bis dieser anfängt zu schnarchen. Und genießen Sie, daß das endlose Reden über Ihre Probleme Sie der Verpflichtung enthebt, gelegentlich auch etwas dagegen zu *tun*.

Auch über all Ihre Träume und geheimsten Sehnsüchte müssen Sie ihn unbedingt detailliert informieren. Er soll *alles* über Sie wissen! Wiederholen Sie Ihre Erzählungen mehrfach, sonst kann er sich nicht jede Einzelheit merken. Ihr Glück ist erst perfekt, wenn Sie vor ihm liegen wie ein offenes Buch, denn das bedeutet rückhaltlose Hingabe, vollständige Vertrautheit und gnadenlose Nähe. Dann bleibt für ihn nichts mehr zu erraten, es gibt keine Überraschungen mehr, jede Ihrer Regungen ist vorhersagbar. Ihr Seelenleben ist ihm so vertraut wie ein ausgelatschter Socken, so daß er ohne weiteres neben Ihren Eröffnungen Zeitung lesen könnte. Sollte er *das* allerdings wagen…!!!

Unerläßlich ist weiterhin, daß Sie ihn über jede, auch die kleinste Untreue aufklären, die Sie je begangen haben, selbst wenn sie längst abgeschlossen ist oder nur in Ihrem Kopf stattgefunden hat. Das sind Sie ihm schuldig, und es erleichtert Ihr schlechtes Gewissen! Hierher gehören auch die beliebten Beichten über seine Vorgänger. Berichten Sie ihm in allen Einzelheiten, was Sie für jeden empfunden haben, was Sie mit ihnen angestellt haben, was an den anderen schwierig und vor allem, was an ihnen besser war als an ihm.

Nachdem Sie ihm Ihr kostbares Innenleben offenbart haben, müssen Sie natürlich auch über seines genau Bescheid wissen. Dringen Sie in ihn. Alles, aber auch alles soll er ausführlich vor Ihnen ausbreiten – und damit meinen Sie nicht die Börsenkurse und den Umsatz seiner Firma. Vor allem das verbale Eintauchen in seine Gefühle, Träume und Verletzlichkeiten beflügelt Ihr Wohlbefinden. Das schließt natürlich alle Einzelheiten über seine verflossenen Flammen ein. Nötigen Sie ihn, sich *ganz* zu öffnen, denn nur dadurch fühlen Sie sich ihm vollständig nahe – und genau das ist es ja, was Sie sich so sehr wünschen.

Das Belabern und Ausquetschen Ihres Partners ist an sich schon zerrüttungstechnisch wertvoll. Darüber hinaus können Sie die gewonnenen Kenntnisse sehr effektiv nutzen. Entweder Sie schlagen gleich zu, wenn er sich geäußert hat («typisch für dich!»), oder besser noch: Sie speichern die erhaltenen Informationen für einen späteren Zeitpunkt. Entwickeln Sie ein Gedächtnis wie ein Elefant. Bei passender Gelegenheit haben Sie dann wundervolle Munition. «Damals hast du mir doch schon erzählt, daß du bei der Annemarie immer im Geiste fremdgegangen bist! Du kannst also gar nicht treu sein!» Verwenden läßt sich praktisch alles. Selbst seine harmlosen Träume vom friedlichen Landleben lassen sich im richtigen Zeitpunkt mühelos in fehlenden beruflichen Ehrgeiz umdeuten.

Männer reden zwar leidenschaftlich ungern über ihre inneren Zustände, aber sie freuen sich von Zeit zu Zeit über eine gewisse Anteilnahme an ihrem Berufsalltag und an ihren Hobbies. Deshalb liegen Sie richtig, wenn Sie sofort einen glasigen Blick bekommen, sobald er mit Ihnen ein Gespräch darüber anfangen will. Verlangen Sie statt dessen umgehend seine ungeteilte Aufmerksamkeit für Ihr neu bemaltes Seidentuch. Es ist auch nicht übel, wenn Sie ihm allabendlich die Routinefrage stellen: «Liebling, wie war dein Tag?» – Routinefragen gehören ins Repertoire jeder gekonnten Zerrütterin – und dann, sollte er tatsächlich zu einer Antwort ansetzen, berichten Sie unvermittelt von der Schramme an Ulrikes Knie und den Schmutzspuren auf dem Sofa, die die Katze nach dem Regenguß hinterlassen hat.

...Schweigen
ist Gold

Sie kennen es aus alten Hollywoodfilmen. Da ist ein äußerst attraktiver Mann hinter einer Dame her, die absolut geheimnisvoll und undurchsichtig bleibt, und er verliert deshalb vor Liebe fast den Verstand.

Auch Schweigen ist ein sehr sicheres Mittel der Zerrüttung. Und bequem ist es obendrein. Das Hollywood-Muster können Sie also – mit leichten Abwandlungen – übernehmen. Lassen Sie ihn stets im unklaren über Ihre Beweggründe und Ziele. Lassen Sie ihn raten. Nach einiger Zeit wird auch er darüber den Verstand verlieren, allerdings nicht so sehr aus Liebe.

Wir wissen es definitiv aus Liebesromanen: Richtige Frauen sind unbegreiflich und handeln nach einer Logik, die den Männern verschlossen bleibt. Frauen nennen sie gerne die Logik des Herzens, für Männer wirkt sie eher wie die Logik der Hirnlosen. Es schadet Ihrem Image als Frau also keineswegs, wenn Sie unbegreiflich und unberechenbar sind – Sie sind eben durch und durch weiblich! Undurchsichtigkeit wird von Außenstehenden oft mit Tiefe verwechselt. Wenn Sie sich nicht äußern und somit auch nicht festlegen, merkt kein Schwein, wie seicht der Grund ist, auf dem Sie sich bewegen. Das enthebt Sie auch der Mühe, sich grundsätzlich über Ihre Wünsche und Ziele Gedanken zu machen. Definieren Sie sie je nach Tagesform neu, getreu dem Motto: «Was geht mich mein Geschwätz von gestern an!»

Seien Sie sprunghaft und legen Sie sich nie fest. Verhalten Sie sich ohne erkennbares Muster. Es ist das Privileg der Frauen, ihre Meinung zu ändern, sooft sie wollen. «Jein» ist deshalb die einzig richtige Antwort auf gezielte Fragen. Das läßt Ihnen viel mehr Spielraum, Ihre Entscheidungen je nach Sachlage in die eine oder die genau entgegengesetzte Richtung zu variieren. Außerdem können Sie ohne Schwierigkeiten die Ausgangslage umdeuten, so daß aus Grün leicht Rot werden kann. Damit verliert *er* vollends den Überblick.

Senden Sie ihm auch möglichst widersprüchliche Botschaften über Ihre Erwartungen an *ihn*. Schwärmen Sie zum Beispiel von Softies, die das Weiche und Weibliche in sich noch nicht gänzlich ausgetilgt haben. Womöglich gefällt ihm diese Idee sogar. Wenn er sich dann gefühlsbetont zeigt und im richtigen Moment Tränen vergießt, dann verachten und bestrafen Sie ihn dafür, daß er sich so unmännlich verhalten hat.

Äußern Sie auf keinen Fall jemals offen und direkt, was Sie gerne hätten und was Sie anstreben. Deuten Sie höchstens mimisch – und möglichst vieldeutig – an, was Sie meinen. Er darf dann raten. Und Sie ahnen es schon: *Er rät es nicht* und schwitzt Schuldgefühle aus allen Poren. Sie haben nun den letzten Trumpf in der Hand, nämlich: «Wenn du mich *wirklich* lieben würdest, wüßtest du ohne Erklärungen, was ich möchte!»

Entweder –
oder

Erpressung ist ein altes und probates Mittel der zwischenmenschlichen Einflußnahme. Deshalb darf sie im Zerrüttungsrepertoire nicht fehlen. Nutzen Sie jede Gelegenheit! Es gibt unzählige Einsatzmöglichkeiten im Rahmen Ihrer Partnerschaft.

Eine subtile, eher indirekte Form der Nötigung ist der beliebte Satz: «Das werde ich mir merken!» Und das sollten Sie dann auch tun, um es jederzeit bei passender Gelegenheit abrufen zu können. Vielleicht wollen Sie aber lieber direkter vorgehen. Dann verwenden Sie am besten das bewährte Wenn-dann-Schema. Dabei schadet es keineswegs, wenn Sie eine möglichst sinnlose Verbindung herstellen, beispielsweise: «Wenn du nicht sofort aufhörst zu rauchen, dann gründe ich einen Frauenstammtisch.»

Erpressungen, verbunden mit einer Drohung, sind besonders zerrüttungsintensiv, wenn Sie nicht im Traum daran denken, sie auch wahr zu machen. Sie eignen sich bei überschaubaren Tatbeständen ebenso

wie in komplizierteren Fällen. Überschaubar und eindeutig ist die Situation, wenn Sie etwas wollen und er
nicht: «Wenn du heute nicht mit mir ins Kino gehst,
dann kannst du dir dein Frühstück morgen selber
machen!»

Besonders fruchtbar sind Ihre Bemühungen bei den
komplexeren Sachverhalten. Mit klarer Beweisführung
und schlüssigen Drohungen können Sie ihn zu allem
möglichen zwingen. Schleudern Sie ihm entgegen:
«Dein Verhalten zeigt, daß du mich nicht mehr liebst!
Und wenn du mich nicht mehr liebst, bringe ich mich
um!» Das Schöne dabei ist, daß im Erfolgsfalle – das
heißt, wenn er Ihnen versichert, daß sein Fehlverhalten
nichts mit seinen Gefühlen zu Ihnen zu tun hat und daß
er Sie immer noch heiß und innig liebt – tiefsitzende
Ressentiments bei ihm zurückbleiben, die er kaum
mehr loswerden kann. Seine Liebe fängt an rissig zu
werden und zerbröckelt bei wiederholten Drohungen
dieser Art im Lauf der Zeit ganz und gar. Nebenbei
bemerkt: Er wird nach einer Weile gar nicht mehr richtig hinhören, und wenn Sie dann tatsächlich aus dem
Fenster springen, bleiben nur ein paar ungute Erinne-
rungen an Sie übrig. Vom Zerrüttungsstandpunkt aus
gesehen, ist das allerdings nicht mehr von Belang.

Sollte er sich irgendwann eine Geliebte zulegen,
sind Erpressungsversuche und Drohungen geradezu
unerläßlich.

Übrigens: Ist Ihnen schon einmal aufgefallen, daß
ein Mann in seiner schönsten Vision alle Frauen, die er

liebt, friedlich unter einem Dach vereint? Eine harmonische Ehe zu dritt bis viert – mit nur *einem* Mann, *nämlich ihm*, versteht sich – gehört zu seinen Lieblingsträumen. Die Entscheidung für *eine* der zwei bis drei Favoritinnen ist ihm ein Greuel. Deshalb müssen Sie seiner Entschlußfreudigkeit gezielt auf die Sprünge helfen.

Zementieren Sie zunächst Ihre Überzeugung, daß Sie das völlig unschuldige Opfer sind. *Er allein* ist der Täter und Sünder. Für diese Sicht der Dinge finden Sie mühelos Bündnispartner, denn von außen betrachtet, spricht alles gegen *ihn*. Stecken Sie dann eine Weile bewegungsunfähig den Kopf in den Sand, aber vergessen Sie nicht, jedes Detail Ihrer Demütigung zu speichern. Das schürt Ihre Aggressionen, die Sie, wenn es die Umstände erfordern, detonationsartig entladen können.

Dann legen Sie ihm die Schlinge um den Hals. Auch hier empfehlen sich Selbstmorddrohungen oder, sollten Sie zarter besaitet sein, zumindest die Forderung: «Bis zum nächsten Ersten mußt du dich entschieden haben: die andere oder ich!» Das klärt Ihre Besitzansprüche. *Zwingen* Sie ihn, zu Ihnen zurückzukehren. Das wird er Ihnen eines Tages heimzahlen, aber kümmern Sie sich nicht um solche belanglosen Details. Besser, Sie bekommen ihn mit Gewalt zurück als gar nicht.

Ganz und gar abzulehnen ist die Variante, die in einem Film mit Lilli Palmer gezeigt wurde (das muß im letzten Jahrhundert gewesen sein). Der Film hieß: «Finden Sie, daß Constanze sich richtig verhält?» Natürlich finden wir das nicht, denn das Verhalten von Constanze ist ausnehmend frivol und vollkommen überholt. Anstatt ihrem fremdgehenden Gatten eine Szene zu machen, ihm zu drohen und ihn zu erpressen, stellt sie sachlich ihren Anteil an der Misere fest und beginnt unverzüglich, ihn neu zu erobern. Das macht sie so raffiniert, daß er mit voller Überzeugung und fliegenden Fahnen zu ihr zurückkehrt.

Wir sind uns einig, daß ein derartig altmodisches Weibchen-Verhalten nicht mehr in Frage kommt. Nur das klare «Entweder-Oder» sollte unser Handeln bestimmen. Es lebe Schwarz und Weiß, weg mit den grauen Zwischentönen! Raffinesse in einer Partnerschaft ist endgültig von gestern und gehört höchstens noch ins Kino.

Der häusliche
Kulturkampf

Wenn Sie glauben, daß bestimmte Werte wie Fairness und Achtung vor dem anderen für Sie nicht bindend sind, erledigt sich die Zerrüttung sehr schnell und wie von selbst. Deshalb darüber kein weiteres Wort.

Doch über diese wenigen, allgemein gültigen Maximen hinaus hat jeder Mensch – und damit auch Ihr Partner – Glaubenssätze, die ihm *persönlich* heilig sind. Dazu gehören religiöse Überzeugungen, Prinzipien hinsichtlich der Lebensgestaltung, bestimmte Vorlieben und Abneigungen. Je mehr sich Ihr Partner darin grundlegend von Ihnen unterscheidet, um so besser.

Jedem Menschen ist es zuwider, wenn man seine geheiligten Ideen heruntermacht. Schließlich basieren sie auf tradierten Werten, unerschütterlichen Gefühlen und tiefschürfenden Überlegungen. Hier setzen Sie an: Lachen Sie ihn aus, je verächtlicher, desto besser. Wählen Sie als Ziel Ihrer Verachtung alles, was ihm *wirklich* wichtig ist.

Nehmen Sie zum Beispiel seine Liebhabereien. Hierbei kommt Ihnen sehr entgegen, daß viele Männer Hobbies haben, die eher an die niederen Instinkte rühren. Am liebsten halten sie sich da auf, wo es laut und roh zugeht. Sie lieben Stammtische, Saufgelage und Kartenspiele. Sie bevorzugen besonders rüpelhafte Sportarten, wie Fußball, Eishockey und Boxen, und sie gehen gerne zu Sportveranstaltungen, wo sie bis zur Heiserkeit grölen können. *Ihre* Vorlieben sind selbstverständlich wesentlich durchgeistigter – machen Sie daraus keinen Hehl.

Wenn es um seine Hobbies geht, gilt der Kernsatz: «Du immer mit deinem blöden...!»

Sollte Ihr Partner aktiver Sportler sein, so ist er es sicher mit Leib und Seele. Sie hingegen haben die Kondition eines Maulwurfs und halten sportliche Aktivitäten für ebenso nervtötend wie überflüssig. Sport ist in Ihren Augen etwas für Leute, die ihr bißchen Hirn vollständig in Muskelmasse verwandelt haben. Sie haben daher zweifellos das *Recht*, auf *ihn* herabzublicken und ihn von seinem ungeistigen Tun abzubringen. Manche Männer mit starkem Bewegungsdrang oder kräftigem Trotzverhalten lassen sich dennoch nicht von ihrer Lieblingsbeschäftigung abhalten. Über kurz oder lang gehen sie heimlich zum sportlichen Training. Das vergiftet Ihre Beziehung wundervoll schleichend.

Kommt er in Hochstimmung von einem Wettkampf nach Hause, genügt meist *eine* destruktive Anmerkung (mit herabgezogenen Mundwinkeln), um seine Begeisterung unverzüglich zu ruinieren. Zum Beispiel: «Na, hast du wieder deinen Traumbody gestählt?» Übersehen Sie seine offensichtliche Euphorie demonstrativ. Klagen Sie statt dessen über *Ihren* anstrengenden oder langweiligen Tag. Nur wenige solcher Äußerungen genügen, und Sie brauchen seinen verschwitzten Anblick nicht mehr zu ertragen, denn anstatt nach Hause zu kommen, wird er es bald vorziehen, mit seinen Kumpels noch einen zu heben.

Neben körperlicher Ertüchtigung schätzen Männer ausgedehnte Diskussionen über weltanschauliche Probleme. Allerdings diskutieren sie viel lieber mit gleichgesinnten Männern als mit Frauen, weil Frauen – und besonders die eigene – von Natur aus zum Widerspruch neigen und unsachliche Gegenargumente lieben, die ihre unerschütterlichen Überzeugungen ins Wanken bringen könnten.

Also lassen Sie das, denn es stärkt nur seine Argumentationskraft und beweist ihm seine überlegene Klugheit. Sie müssen lernen, unter die Gürtellinie zu zielen und seine Überzeugungen lächerlich zu machen. Sagen Sie ihm deutlich, daß nur ein Mann mit dem IQ einer Hauswanze wirklich den Blödsinn vertreten kann, den er gerade vertritt. Ganz gleich, um was es sich handelt, Sie liegen immer richtig, wenn Sie grundsätzlich vehement das Gegenteil von dem verteidigen, was er behauptet, und ihn vor allem gründlich für seinen Standpunkt verachten.

Eine der heiligsten Überzeugungen in unserer Gesellschaft ist die absolute Notwendigkeit zum sichtbaren Erfolg, speziell beim Mann.

Lassen Sie also diesen Erfolg mit wenigen Kunstgriffen zu nichts verdampfen. Er kann verdienen, was er will, in Ihren Augen ist sein Einkommen immer unterdurchschnittlich. Im Vergleich zu seinen Altersgenossen ist er auf jeden Fall entweder ein Versager oder ein grausamer Streber. Besonders zerrüttungsprofessionell hat jene Frau reagiert, deren Mann zum technischen Vorstand einer großen Firma aufstieg. Für sie blieb er der kleine «Inschenör», der nicht einmal in der Lage war, einen Wasserhahn zu reparieren.

Sollte irgend jemand auf die dämliche Idee kommen, *ihn* zu bewundern, können Sie ohne Zögern noch folgenden Trumpf aus dem Ärmel ziehen: «Ha, das sieht nur so aus. Versuchen *Sie* einmal, mit ihm zu *leben*!» Und Sie müssen es ja schließlich wissen.

Nicht ohne
meinen Mann

Eine Ehe bedeutet Zweisamkeit. Endlich sind Sie nicht mehr allein. Endlich ist ein anderer immer für Sie da. Bekommen Sie nicht auch leuchtende Augen bei der Vorstellung, daß man ab sofort *alles* gemeinsam machen kann? Ist es nicht wunderbar, wenn man *alle* Freunde und *alle* Hobbies teilt? Was mir gefällt, soll auch dir gefallen, und was mir guttut, kann für dich nicht schlecht sein. Keine Abweichung soll dieses Bild trüben.

Stellen Sie sich komplett auf Ihren Partner ein. Geben Sie alles auf, was vor Ihrer Ehe wichtig für Sie war, wenn *er* nichts damit anfangen kann. Er stellt alle Rükkenhaare auf, wenn Ihre beste Freundin auftaucht? Pech für die Freundin! Für ihn sind Theater- und Opernbesuche ähnlich aufregend wie ein lauwarmer Zwiebackbrei? Streichen Sie solche Vergnügungen sofort aus Ihrem Freizeitprogramm. Er möchte abends am liebsten nur vor der Glotze ein Bierchen schlürfen, mit Ihnen als schweigender Zimmerdekoration? Dann tun Sie ihm den Gefallen und schauen Sie ihm beim Fernsehen zu. Unternehmungen ohne ihn sind auf jeden Fall unvorstellbar. In guten wie in schlechten Tagen, aber auf jeden Fall gemeinsam...

Bauen Sie Ihr eigenes soziales Umfeld möglichst umfassend ab, und machen Sie *ihn* ab sofort zu Ihrem Lebensmittelpunkt und einzigen Lieferanten für Glück, Zufriedenheit und Geborgenheit sowie für Ihren Wohlstand und gesellschaftlichen Status. Sein Selbstverständnis ist auch Ihres. Wenn er versagt, versagen Sie mit. Das berechtigt Sie, ihn ehrgeizig anzufeuern, damit er erfolgreich ist in dieser Welt, denn sein Erfolg ist Ihr Erfolg.

Im gleichen Maße, wie Sie Ihre eigenen Vorlieben über Bord werfen, stürzen Sie sich auf seine. Er geht sonntags zum Fußballplatz? Sie sind dabei und frieren sich die Beine in den Bauch, auch wenn Sie nie fassen können, warum er am Sonntagmorgen eine Ekstase an den Tag legt, die ihm an anderer Stelle leider völlig abgeht. Sie wären nie auf die Idee gekommen, daß auch das Angeln leidenschaftliche Zustände hervorrufen kann? Üben Sie, bis Sie seine Leidenschaft begreifen und teilen können. Er liebt die Berge und Sie das Meer? Keine Frage, wohin Sie ab sofort in Urlaub fahren, schließlich gibt es inzwischen auch ganz poppige Wanderstiefel.

Verlangen Sie natürlich von ihm das gleiche, ausschließlich zweisame Verhalten. Verteufeln Sie jeden seiner eigenständigen Schritte und Gedanken als Untreue, Undankbarkeit und Höllenwerk. Wenn Sie einmal einer seiner Lieblingsbeschäftigungen *gar nichts* abgewinnen können, dann zwingen Sie ihn dazu, sie umgehend aus seinem Repertoire zu streichen. Schließlich haben Sie so viel für ihn aufgegeben, da kann er Ihnen doch diesen klitzekleinen Gefallen tun und samstags statt der Sportschau mit Ihnen die Seifenoper auf dem anderen Kanal anschauen.

Sie können gar nichts falsch machen. Mit Ihrer beglückenden Umklammerung sorgen Sie für anhaltenden Frust auf beiden Seiten und eine Menge Gesprächsstoff in Form von gegenseitigen Vorwürfen und Abrechnungen in der Zukunft.

Eine Frau braucht etwas Eigenes

Den Unsinn mit der Zweisamkeit haben Sie natürlich gleich durchschaut, denn nichts ist für die moderne Frau wichtiger als ihre Selbstverwirklichung. Die Sklaverei der Frau gehört der Geschichte an – Schluß mit der Anpassung an männliche Wünsche und Bedürfnisse. Jetzt muß sich der Mann den Bedürfnissen der Frau anpassen, und zwar komplett.

Tun Sie ohne Abstriche, was *Ihnen* guttut – und *nur* das, denn Ihre eigene Weiterentwicklung ist Ihr vordringlichstes Ziel, ohne Rücksicht auf Verluste!

Es gibt Frauen, denen die gemeinsame Basis *ebenso* am Herzen liegt wie die eigene Selbstverwirklichung. Diese rückständigen, lauen Kompromißlerinnen gehören ins Museum, wo sie als wunderliche Beispiele in der Abteilung «Voremanzipation» ausgestellt werden könnten. Die Zeit der wachsweichen Mittelwege ist vorbei. Keine Halbheiten, Radikalismus ist angesagt!

Machen Sie es wie Luise. Jahrelang hatte sie ihre eigenen Wünsche perfekt unter Verschluß gehalten.

Sie stand morgens eine halbe Stunde vor ihrer Familie auf und bereitete einen wunderschönen Frühstückstisch vor. Wenn alle das Haus verlassen hatten, arbeitete sie den ganzen Vormittag im Haushalt und war sehr erfindungsreich im Zaubern von immer neuen, wohlschmeckenden Mittagsgerichten (nicht nur die Kinder, auch ihr Mann kam mittags nach Hause). Natürlich fand sie auch nach Tisch keine Minute Ruhe, denn die Arbeit einer Frau ist nie getan! Dann geriet sie zufällig in eine Frauengruppe und erfuhr, daß andere Frauen gelegentlich auch an sich denken und sogar trotz Familie ihre Hobbies pflegen und ihren Beruf ausüben. Ab sofort tat Luise das genaue Gegenteil von dem, was sie bisher getan hatte – nämlich absolut *nichts* mehr für Mann und Kinder. Ihre Familie sah sie nur noch selten, denn sie hatte auf einmal viele neue Interessen, hinter denen alles andere zurückstehen mußte.

Luise soll Ihr Vorbild sein! Passen Sie sich erst sklavisch an und schlagen Sie dann gnadenlos zu, weil Sie plötzlich herausfinden, was bei Ihnen bisher zu kurz kam!

Spätestens ab diesem Zeitpunkt brauchen Sie in Ihre *gemeinsame* Weiterentwicklung nichts mehr zu investieren. Werden Sie kompromißlos! Schließlich mußten Sie genügend Kompromisse eingehen, bis Sie ihn endlich eingefangen und eingelullt hatten. Alles andere ist ab sofort wichtiger für Sie als Ihr Partner und Ihre Partnerschaft. Sie kennen ihn ohnehin in-

und auswendig. Da kann man ihn ruhig als Neben-sache behandeln, wie einen gemütlichen Sessel, der einfach da ist, aber keiner weiteren Beachtung mehr bedarf.

Manche Frauen sind so radikal wie Luise. Andere beginnen mit relativ harmlosen Kleinigkeiten. Zum Beispiel: Das Telefon klingelt, während Sie mit Ihrem Partner mitten im erotischen Vorspiel stecken. Zögern Sie nicht, heben Sie ab und reden Sie anderthalb Stun-den mit Ihrer Busenfreundin über die günstigen Son-derangebote, die es gerade in der Stadt zu kaufen gibt. Nach diesem interessanten Austausch können Sie sich das Duschen sparen, da er sich in der Zwischenzeit verbittert wieder angezogen hat.

Mit fortschreitender Selbstverwirklichung beginnt für Sie die Zeit der Kurse, Seminare und Selbsterfah-rungsgruppen. Buchen Sie zunächst in der Volkshoch-schule etwa viermal wöchentlich einen Abendkurs, der Ihr zerknittertes Selbstwertgefühl aufbaut. Er kommt allabendlich in eine leere Wohnung? Na und, er wollte doch immer so gerne seine Ruhe haben, jetzt hat er sie!

Mindestens zweimal monatlich sollten Sie auch am Wochenende verschwinden. Es gibt so viele aufre-gende Frauengruppen, die Sie sich auf gar keinen Fall entgehen lassen dürfen. Das tut Ihrer Psyche gut und entfremdet Sie sehr wirkungsvoll von Ihrem Ehe-mann.

Für die Auseinandersetzung mit *ihm* ist in Ihrem dichten Terminkalender kein Platz mehr. Er ist für Ihr inneres Fortkommen ohnehin weit weniger ergiebig als all die schönen neuen Dinge, die Sie nun erfahren und lernen. Im Kreis der anderen Frauen, die sich mit Ihnen zusammen auch gerade verwirklichen, fühlen Sie sich sowieso viel besser verstanden als von Ihrem Partner, der schließlich und endlich *nur ein Mann* ist.

Er hat die Wahl: Entweder er paßt sich an, und zwar ohne Wenn und Aber, oder er bekommt den Stempel «Dinosaurier» aufgedrückt. Es wird Ihnen ein leichtes sein, ihm klarzumachen, daß er einer aussterbenden Spezies angehört und seine eigentliche Absicht – nämlich Sie klein zu halten und verkümmern zu lassen – mit seinem Gefasel von mehr Gemeinsamkeit tarnt. Wenn er Gemeinsamkeit will, dann soll er sich Ihnen anschließen und mit Ihnen den esoterischen Töpferkurs besuchen, in dem alles fließt und wo man so wohlig mit dem eigenen Körper in Kontakt kommt. Das kann ihm schließlich auch nicht schaden.

Während Sie intensiv mit sich beschäftigt sind und völlig um sich selber kreisen, entwickelt er sich auch weiter, aber das braucht Sie nicht zu kümmern. Sie hören ihm ja schon lange nicht mehr zu, da Sie bereits im voraus wissen, was er sagen wird, und daher entgeht Ihnen gottlob vollständig die Richtung, in die er sich bewegt. Irgendwann werden Sie sich erstaunt fragen, wer dieser Fremdling an Ihrer Seite – oder besser in Ihrer Wohnung – eigentlich ist. Wenn Sie das geschafft haben, kann man Ihnen gratulieren!

Das Opferlamm

Sie sind vom alten Schrot und Korn. Emanzipation ist für Sie ein Fremdwort. Sie bewundern ihn hemmungslos. Alles, was er tut oder sagt, ist einfach grandios! Sie schließen sich immer seiner Meinung an, und zwar komplett. «Wilhelm sagt...» – «Wilhelm meint...» Wilhelm hat immer recht!

Großartig, denn auch damit schaffen Sie eine solide Basis für eine dauerhafte Zerrüttung. Zunächst wirkt alles wie Schmeichelei auf ihn und ist deshalb auch nur schwer durchschaubar. So dauert das Spielchen etwas länger, aber dafür ist die Zermürbung um so gründlicher.

Die Voraussetzung ist, daß Sie immer allen Widerspruch und allen Groll herunterschlucken und verdrängen. Manche Frauen bringen es darin zu Höchstleistungen. Sie schlucken und schlucken und schlucken und schlucken, jahrzehntelang. Dann entlädt sich das ganze Geschluckte in einer gigantischen Explosion. Die Brocken fliegen ihm nur so um die Ohren, und er weiß nicht mehr, wo oben und unten ist. Verwirrt stammelt er: «Aber Schatz, du hast das doch immer so gut und richtig gefunden! Was ist denn auf einmal los mit dir???» Die Antwort ist ein dumpfes Gurgeln.

Eine andere, sehr wirkungsvolle Möglichkeit ist eine schöne, ausgewachsene Depression. Das beginnt ganz unauffällig. Er muß Ihnen alles erklären, weil er so viel gebildeter und intelligenter ist als Sie. Er *muß auch* immer die Entscheidungen treffen, denn er ist tausendmal klüger und sicherer als Sie. Er ist so stark und mutig, und deshalb ist schon die Einkaufstasche mit dem Vogelfutter zu schwer für Sie schwaches Weib. Sie sind einfach immer und überall auf ihn angewiesen.

Der Übergang von der kompletten Unterordnung zum hilflosen Opfer ist so fließend, daß er ihn anfangs überhaupt nicht wahrnimmt. Erst wenn Sie nicht einmal mehr allein zum Einkaufen gehen können, fällt ihm vielleicht auf, daß die eingeschlagene Richtung allmählich lästig für ihn wird. Aber dann ist es zu spät! Da er ja so groß und stark und in jeder Beziehung meisterhaft ist, terrorisieren Sie ihn so lange mit Ihrer Schwäche, Unfähigkeit und Hilflosigkeit, bis er Ihnen entnervt einen Platz in einer psychiatrischen Klinik sichert und irgendeiner anderen Frau, die auch nur ansatzweise eine gewisse Selbständigkeit zeigt, auf den Leim geht.

Sie fahren auch nicht schlecht, wenn Sie seine Schuldgefühle mobilisieren. Damit setzen Sie ihn gezielt ins Unrecht. Er hat es doch immer gemocht, wenn er Ihnen helfen durfte, nicht wahr? Und jetzt, wo Sie ihn wirklich brauchen, versucht er sich zu drücken. Bringen Sie ihn dazu, daß er über Ihr kaum noch hörbares Geseufze die Nerven verliert und Sie schüttelt oder gar schlägt. Wunderbar, denn das wird er Ihnen nie verzeihen! Nur ausgeprägte Masochisten halten ein Dauerfeuer an aktivierten Schuldgefühlen aus, ohne irgendwann Aggressionen zu entwickeln oder Reißaus zu nehmen.

Es gibt noch weitere, sehr verbreitete und wirkungsvolle Varianten. Zum Beispiel könnten Sie jahrelang oder jahrzehntelang alles erdulden und ihn dann für Ihr verpfuschtes Leben verantwortlich machen. *Er* hat Sie daran gehindert, sich zu entfalten. *Er* ist schuld, daß Sie niemals einen Beruf gelernt haben. *Ihm* haben Sie Ihre Jugend und Ihre Schönheit geopfert. Für *ihn* haben Sie Kinder bekommen und sich ans Haus fesseln lassen. Und was ist der Dank? Er sieht sich nach anderen Frauen um!!!

Machen Sie ihn für alles verantwortlich, was in Ihrem Leben schiefgelaufen ist. Schließlich hat er immer alle Entscheidungen getroffen, dann muß er auch für die Folgen geradestehen. Und vergessen Sie nicht, ihn permanent daran zu erinnern, wieviel besser Ihr Leben verlaufen wäre, wenn Sie damals den Fred geheiratet hätten.

Die ganz
große Koalition

An Ihrem Glück sollen möglichst viele Menschen teilhaben. Sorgen Sie also dafür, daß Ihre Freunde, Bekannten und Verwandten heftig um Ihr Wohlergehen bemüht sind, denn parteiische Einmischungen jeder Art bringen Bewegung in den Ehealltag. Ganz besonders empfehlenswert sind Koalitionen mit Menschen, die Ihnen sehr nahestehen.

Verbünden Sie sich zum Beispiel mit Ihren Freundinnen oder mit Ihrer Mutter gegen ihn. Bei jeder kleinen Auseinandersetzung finden Sie in ihnen willige und sensationslüsterne Kampfgenossinnen, deren weibliche Stammesweisheiten sich vorzüglich gegen ihn einsetzen lassen.

Je fester solche Koalitionen sind, desto mehr Gewicht haben Ihre Aussagen und um so rechthaberischer können Sie sie vorbringen («Mutter meint auch, daß du...» – «Selbst Marie-Luise ist schon aufgefallen, wie du immer...»). Mütter und Freundinnen wissen genau, was Männer bewegt. Sie können Ihnen messerscharf darlegen, wie *unmöglich* er sich wieder benommen hat, und Ihre Wut auf ihn so richtig anheizen. Männer! Das ist mal wieder typisch! Laß dir das ja nicht gefallen!!!

Halten Sie Ihre weiblichen Vertrauten also auf jeden Fall stets auf dem laufenden über den derzeitigen Stand Ihrer Zweierbeziehung. Das erleichtert diesen das schnelle und selbstlose Eingreifen in Krisensituationen. Vergessen Sie bei den schönen, vertraulichen Gesprächen mit den Freundinnen auch nicht, allerlei vergnügliche Details aus Ihrem Liebesleben zu erwähnen. Natürlich sollten Sie ihm gegenüber andeuten, welch tiefes Verständnis Ihnen Ihre Freundin Jutta in wirklich *jeder* Hinsicht entgegenbringt. Männer schätzen es besonders, wenn sie vermuten, daß auch intime Einzelheiten in aller Ausführlichkeit mit anderen Frauen besprochen werden.

Blut ist dicker
als Wasser

Verwandte kann man sich nicht aussuchen, aber man kann sie benutzen, um Zwietracht zu säen.

Verwandtschaftliche Besuche sind da sehr ergiebig. Am besten regeln Sie ohne Rücksicht auf gegenseitige Zu- oder Abneigungen nach einem festen zeitlichen Schlüssel, wann welche Eltern besucht oder eingeladen werden müssen. Versuchen Sie, es *allen* recht zu machen. Ein Jahr wird Weihnachten hier gefeiert, ein Jahr dort. Einen Sonntag kommen Ihre Eltern, am nächsten die Schwiegereltern. Das ist ausgewogen, und keiner kann Ihnen Parteinahme vorwerfen. Bedenken Sie, welchen Glanz Sie damit in das ansonsten ereignislose Leben der älteren Generation bringen, und trösten Sie Ihren immer unwirscher werdenden Mann damit, daß Sie von Ihren eigenen Kindern später den gleichen Einsatz verlangen können.

Vielleicht kann Ihr Mann seine Schwiegermutter nicht ausstehen. Das ist vorzüglich, weil Sie dann Gelegenheit haben, an seine Ritterlichkeit einer alten Dame gegenüber zu appellieren. Es ist doch wirklich nicht zuviel verlangt, wenn sie einmal die Woche, am Sonntag zum Beispiel, zum Kaffeetrinken kommt und dann gemütlich den Abend mit Ihnen verbringt. Gönnen Sie ihr das kleine Vergnügen, und nennen Sie Ihren Mann einen kaltherzigen Wüstling, wenn er anfängt, über solche Rituale zu murren.

Auch Ihr Vater ist als Waffe nützlich. Er hat Sie schon immer verwöhnt. Sie waren und sind seine kleine Prinzessin. Das setzt Maßstäbe! Ein Leben *unter* dem gewohnten Niveau kommt für Sie natürlich nicht mehr in Betracht. Und Ihr Mann muß sich ranhalten, damit er wenigstens an den gesellschaftlichen Status Ihres Vaters heranreicht, wenn es ihm schon nicht gelingt, Sie genauso auf Händen zu tragen wie Papi.

Oder Sie machen es genau andersherum. Werden Sie nicht müde, Ihren Vater als lebenden Beweis für den grenzenlosen Langmut der Frauen hinzustellen. Dieser brutale Macho ist sein Leben lang allen Frauen in seiner Nähe auf den Nerven herumgetrampelt, auf den Ihren im besonderen. So etwas wollen Sie auf gar keinen Fall noch mal erleben! Ihre Überempfindlichkeit gegen eine Menge männlicher Verhaltensweisen ist damit hinreichend begründet. Jeder psychologisch halbwegs gebildete Mensch weiß doch schließlich, wie irreversibel Kindheitserlebnisse prägen. Ihr Mann soll sich gefälligst darauf einstellen und Sie behandeln wie ein rohes Ei.

Besonders vielversprechend ist eine gewisse finanzielle Abhängigkeit von Ihren oder seinen Eltern. Lassen Sie sich von den alten Herrschaften verwöhnen. Hier ein Auto, dort eine großzügige Finanzspritze zum Eigenheim, hier eine Lebensversicherung und dort eine kleine Schenkung, um das junge Glück ein bißchen zu unterstützen. Als Gratiszugabe bekommen Sie jede Menge Ratschläge von den lieben Spendern, die Ihnen unmißverständlich klarmachen, wie Sie Ihr Leben zu gestalten haben. Für so viel selbstlose Zuwendung *muß* man ihnen das Recht auf Einmischung einfach zugestehen, nicht wahr!? Wohin soll's im Urlaub gehen? Die Mami hat ein so hübsches Plätzchen ausfindig gemacht, wo man ganz ruhig und friedlich drei Wochen ausspannen kann. Nur lesen und spazierengehen, einfach wundervoll! Und weil sie gerade auch nichts vorhat, kommt sie mit – finanziell ist das bestimmt kein Nachteil für die jungen Leute, hihihi!

Die Stadt zu wechseln kommt unter solchen Umständen auf keinen Fall in Frage. Er bekommt einen besseren Posten in Norddeutschland angeboten? So gut kann der gar nicht sein, daß er die Nähe und Großherzigkeit der Eltern in München aufwiegen würde. Warum etwas aufs Spiel setzen, was so reibungslos funktioniert? Sollte Ihr Mann trotz dieser einleuchtenden Vorteile bockig werden, dann verweisen Sie darauf, daß Sie bei *seinem* kümmerlichen Einkommen ja leider auf die Unterstützung der Eltern angewiesen sind.

Sie haben Kinder? Wie herrlich! Mutter und Schwiegermutter sind sich ausnahmsweise darin einig, daß nur erfahrene Mütter ganz genau wissen können, wie der Nachwuchs erzogen werden muß, nämlich ohne all den neumodischen Kram aus Amerika. Babies kann man ruhig schreien lassen, das kräftigt die Lungen. Auf keinen Fall sollten die Gören nachts ins elterliche Bett, wenn sie Angst haben. Eine kräftige Ohrfeige hat noch niemandem geschadet. Und so weiter und so weiter. Diskutieren Sie solche ungebetenen Ratschläge möglichst emotionsgeladen mit Ihrem Mann. Er wird glücklich sein, wenn er allabendlich als Schiedsrichter zwischen Ihnen und den beiden Müttern fungieren darf und sein Feierabend dadurch nicht zu eintönig wird.

Kinder,
Kinder!

Kinder kitten eine Ehe» ist ebenso altes wie falsches Vorurteil, das sich bestimmt eine Frau ausgedacht hat. In den Jahren der Kinderaufzucht brauchen Sie selber nicht viel zu tun, um anständig zu zerrütten. Also schaffen Sie sich Kinder an – das ist bestimmt kein Opfer für Sie, denn die meisten Frauen sind viel lieber Muttis als Geliebte.

Kinder eignen sich durch ihre schiere Existenz so vorzüglich zur Ehezerrüttung, daß man allein darüber ein Buch schreiben könnte. Die Anwesenheit von Kindern, vor allem den kleinen, macht aus Eltern Wracks mit zittrigen Händen, denen mitten im Satz die Augendeckel zufallen. Kein Wunder, daß die meisten Paare in dieser Lebensphase reif sind für die Therapie.

Der Einfluß der kleinen Chaoten auf Ihr Liebesleben ist durchschlagend. Wenn sie doch wenigstens so konstruiert wären, daß man sie ohne nachteilige Folgen zeitweise in ein blick- und schalldichtes Gehäuse verpacken könnte!

Die Nächte mit Kindern sind von Anfang an eine nie versiegende Quelle der Zerstörung Ihrer sexuellen Gewohnheiten. Zunächst sind Sie so erschöpft von den ständigen nächtlichen Unterbrechungen, daß Ihnen Sex nicht einmal flüchtig in den Sinn kommt. Sollte Ihr Mann – der nun froh ist, daß Sie nicht mehr wie ein Fesselballon aussehen und der die Erinnerung an frühere schöne Stunden zu zweit keineswegs so leicht verliert –, sollte er Sie also ganz vorsichtig und zartfühlend daran erinnern («Wenn ich jetzt nicht endlich mal wieder mit dir schlafen kann, gehe ich in einen Puff!»), dann sind Sie schon wieder eingenickt, bevor Sie ihm antworten können.

Wenn aus diesem herzigen, rosigen Bündel, das Sie vierundzwanzig Stunden in Atem hält, ein kleiner Anarchist von ein bis zwei Jahren geworden ist, der sein Bett nachts eigenmächtig verlassen kann, geht der Spaß erst richtig los. Ständig droht die Gefahr, daß Sie plötzlich von zwei großen Augen am Fußende Ihres Bettes laut und vernehmlich gefragt werden: «Macht'n ihr da?» Da die Kinder *immer* Vorrang haben, verbietet es sich von selbst, die Tür auch nur kurzfristig abzuschließen. Zweisamkeit und Intimität müssen eben warten, bis Oliver alt genug ist, also etwa bis er sein Abitur hat und das Haus verläßt. Kinder dürfen nämlich unter keinen Umständen auch nur ahnen, daß Mami und Papi mehr verbindet als das flüchtige Küßchen, das der Papi manchmal morgens auf die Stirn gehaucht bekommt. Deshalb Schluß mit *richtigen* Küssen, Schluß mit spontanen Anfällen von Lust, und Schluß mit wildem Sex am Nachmittag. Sie werden merken, Ihnen fällt die Umstellung gar nicht so schwer, und Sie werden es sicher schaffen, Ihrem Mann klarzumachen, daß alles mögliche «wegen der Kinder» nicht mehr geht. Damit haben Sie eine noch viel überzeugendere Entschuldigung als die bisherigen Kopfschmerzen zur Verfügung. Sie müssen nur aufpassen, daß Sie diese bequeme Ausrede nicht aus Versehen routinemäßig einsetzen, wenn gar kein Kind mehr im Haus ist.

Kinder zerrütten nicht nur durch ihre nackte Anwesenheit, sie geben auch allen in diesem Ratgeber aufgeführten Taktiken mehr Durchschlagskraft. Wie mit einem Geschmacksverstärker wird mit Kindern alles noch intensiver.

Erinnern Sie sich bitte daran, daß Männer meist *eine* hervorragende Eigenschaft haben: Sie sind zuverlässige Ernährer *oder* aufregende Liebhaber *oder* poetische Träumer *oder* gute Kameraden *oder* anständige Väter. Alles zusammen tritt ungefähr so häufig auf wie der Einschlag eines Meteoriten in Ihrem Wohnzimmer. Haben Sie sich Ihren Partner ursprünglich nach anderen Kriterien als seinen Vaterschaftsqualitäten ausgesucht, ist das Pech für ihn.

Bedenken Sie die zusätzlichen Möglichkeiten, die sich Ihnen damit bieten. Jetzt können Sie seinen Charakter noch umfassender anzweifeln, denn *er* tritt selbstredend nur dann in Erscheinung, wenn die Kinder Spaß machen, und drückt sich vor allem, was nach Arbeit aussieht. Er hat ein Mordsvergnügen daran, seinen Sprößling auf den Schultern hopsen zu lassen, aber sobald dessen Windeln überquellen, reicht er ihn lieber an Sie weiter: «Hier ist *dein* Sohn, er stinkt!» Welcher Fundus für *grundsätzliche* Anmerkungen bezüglich seiner Eignung zum Ehemann im allgemeinen und zum Vater im besonderen!

Darüber hinaus bekommt Ihre Öffentlichkeitsarbeit deutlich mehr Gewicht. Jetzt können Sie ihn nicht nur im Freundeskreis noch treffsicherer verunglimpfen, sondern auch bei den Kindern zum Buhmann machen («Wartet nur, bis der Papa nach Hause kommt!»).

Auch die häuslichen Mahlzeiten lassen sich zu regelrechten Alpträumen ausgestalten, denn jeder weiß ja, daß man mit Kindern *immer* pünktlich, ausführlich und reichhaltig essen muß. Kinder brauchen Regelmäßigkeit und einen *anwesenden* Vater! Keine Überstunden mehr, keine Geschäftsessen bitte – aber wenn möglich ein höheres Einkommen, schließlich ist die Familie nun größer! Seine zeitaufwendigen Freizeitbeschäftigungen wie Tennisspielen oder Kegeln, bei denen Kinder ausnehmend lästig fallen, werden selbstverständlich eingestellt! Schließlich gönnen Sie sich selber ja auch nichts! Hier bleibt Ihnen viel Spielraum, um Schuldgefühle zu züchten.

Sie fahren auch nicht schlecht, wenn Sie ab sofort alles, was die Kinder betrifft, ausschließlich Ihrem eigenen Verantwortungsbereich zuordnen. Er ist dafür sowieso zu unbegabt, zu ungeduldig oder zu langsam! Gönnen Sie sich nie eine Pause. Sie sind jetzt nur noch für die Familie da und streichen alles, was Ihnen früher einmal Vergnügen gemacht hat. Den dabei entstehenden Ärger schlucken Sie tapfer herunter.

Und vergessen wir nicht diese tollen Koalitionen mit den Kindern gegen *ihn*! Das zerrüttet nicht nur Ihre *eigene* Ehe, sondern legt die Spur für die Zerrüttung der künftigen Ehen Ihrer Kinder und sorgt damit für das Auskommen von Generationen von Psychotherapeuten.

Lachen
verboten!

Humor hat viel mit Weisheit zu tun. Mit Humor können wir die eigenen Schwächen und die anderer Menschen viel leichter relativieren und tolerieren. Deshalb: Je ernster Sie alle Eigenarten Ihres Partners nehmen, desto besser. Streben Sie nach gnadenloser Perfektion und vergessen Sie nicht, den erhobenen Zeigefinger stets im Anschlag zu haben.

Nicht nur Ihr Partner profitiert bald von Ihrem Weltverbesserungsdrang, auch Sie selbst geraten zunehmend in den Strudel potentieller Vervollkommung. Schon bald werden Sie auch mit Ihren *eigenen* Schwächen sehr streng sein. Und je weniger Sie sich selber leiden können, um so effektiver können Sie zerrütten.

Sie sind am Ziel, wenn Sie statt eines Lächelns auf den Lippen Schaum vor dem Mund haben. Schließlich ist das Leben kein Schlaraffenland, sondern ein Jammertal, in dem man sich mit zusammengebissenen Zähnen ins Zeug legen muß, um die Dinge noch besser zu machen. Fangen Sie damit beim Naheliegenden an – dem eigenen Partner und der eigenen Partnerschaft!

Schlußbemerkung

Ich liebe die Männer und fühle mit den Frauen und habe keineswegs die Absicht, ins Mittelalter zurückzukehren und zur bedingungslosen Anpassung der Frau an jede männliche Vorgabe aufzurufen. Im Lauf der Jahrzehnte habe ich gelernt, daß in den Köpfen von beiden abenteuerliche Ideen spuken. Männer und Frauen haben verschiedene Erwartungen, verschiedene Vorstellungen und verschiedene Träume, ganz besonders im Hinblick auf eine Partnerschaft, auch wenn das manchen Puristen nicht gefällt, die beide Geschlechter gerne über einen Kamm scheren würden. Männer sind keine fehlgeleiteten Frauen und Frauen keine unvollkommenen Männer, die man mit etwas gutem Willen und viel Einsatz zu einem universellen, makellosen Einheitswesen trimmen kann. Die Realität ist stärker als jedes Wunschdenken: Männer und Frauen sind nun einmal verschieden.

Eine Beziehung hat nur dann die Chance, mehr als ein paar Nächte – womöglich ein Leben lang – zu überdauern, wenn beide Beteiligten Toleranz für ihre Unterschiedlichkeit entwickeln, wenn sie sich gegenseitig mit liebevollen Augen sehen und sich humorvoll annehmen.

Meine langjährige Erfahrung als (Paar-)Therapeutin hat mich gelehrt, daß die Menschen viel klüger und mündiger sind, als die meisten (Therapeuten) glauben. Sie stecken nur manchmal fest und drehen sich im Kreise. Humor und ein leichter, freundlicher Tritt in den Hintern helfen ihnen sehr schnell auf die Sprünge. Sobald ihr «ganz normaler Wahnsinn» pauschaliert und überspitzt ausgesprochen wird, setzt das Denken wieder ein. Der eigene Standpunkt wird neu geortet, Unsinniges wird verworfen und Plausibles überdacht. Dabei ist eine gewisse Betroffenheit die Voraussetzung dafür, daß sich auch im Verhalten etwas verändert.

Eleonore Höfner ist 1946 in Tübingen geboren und dort auf-
gewachsen. Sie lebt mit Mann, zwei (fast) erwachsenen Kindern und zwei Katzen, die allesamt nicht domestizierbar sind,
in München.

Eleonore Höfner promovierte 1975 in München zum
Dr. phil. Neben kurzen Ausflügen in die Wirtschaft arbeitet
sie seit fast 20 Jahren in freier Praxis als Psychotherapeutin.
Ihre Arbeitsschwerpunkte sind die Paartherapie, Entspan-
nungstechniken in Gruppen und Weiterbildungsveranstaltun-
gen für Psychotherapeuten und Ärzte, die sie als Mitbegrün-
derin des «Deutschen Institutes für Provokative Therapie»
seit einigen Jahren durchführt.